D1324150

LE CONCEPT FERREIRA
Maigrir sans se priver

Distribution: Messageries de presse Benjamin
101, rue Henry-Bessemer
Bois-des-Fillion (Québec) J6Z 4S9
450-621-8167

LE CONCEPT FERREIRA
Maigrir sans se priver

par Stéphane Ferreira

ÉDITIONS
LA SEMAINE

LES ÉDITIONS LA SEMAINE
2050, rue de Bleury, bureau 500
Montréal (Québec) H3A 2J5

Éditeur : Claude J. Charron
Éditeur délégué : Claude Leclerc
Directrice des éditions : Annie Tonneau
Directrice du secteur édition de livres : Dominique Drouin
Coordonnatrice aux éditions : Françoise Bouchard
Directrice artistique : Lyne Préfontaine
Directeur des opérations : Réal Paiement
Superviseure de la production : Lisette Brodeur
Assistante de la production : Joanie Pellerin
Infographiste: Marie-Josée Lessard
Scanneristes : Patrick Forgues, Éric Lépine
Réviseures-correctrices : Véronique Lamontagne,
Luce Langlois, Pierre Richard, Colombe Savard
Photo de la couverture : Stéphanie Lefebvre

Remerciements
Gouvernement du Québec – Programme de crédit d'impôt
pour l'édition de livres – Gestion SODEC

L'Éditeur bénéficie du soutien de
la Société de développement des entreprises culturelles
du Québec pour son programme d'édition.

Remerciements

À tous mes clients, je dis merci de m'avoir accordé leur confiance. Merci, également, à Caroline et Maria-Héléna Ferreira, qui ont cru en moi. Merci à Herbasanté pour son soutien technique. Merci à Isabelle Lauzon pour son encouragement. Merci à l'équipe de La Semaine *et particulièrement à Mme Annie Tonneau, qui a su si bien m'endurer.*

Préface

« J'ai perdu 173 livres!»

C'est un immense plaisir pour moi de vous faire partager, en quelques lignes, mon expérience du Concept Ferreira.

Je suis une femme de 37 ans, mère de trois beaux enfants qui, grâce au Concept Ferreira, a pu se libérer de 173 livres (78,5 kg) de graisse, de souffrances, de rejet et de la prison qu'est l'obésité. Je vous souhaite de vivre la même belle aventure que moi.

Eh oui! Aussi incroyable que cela puisse paraître, je pesais 320 livres (145 kg) en septembre 2005. Ayant toujours été fanatique de desserts et de sucre sous toutes ses formes, j'en mangeais constamment. La faim me tenaillait en matinée, en après-midi ou le soir, ce qui m'incitait à me gaver de sucreries. Au déjeuner, je mangeais des toasts avec un fruit et un café. Au dîner, je prenais la plupart du temps un plat minceur congelé ou une salade avec un fruit. Au souper, mon seul véritable repas, je me servais de la viande, des légumes, du riz, des pâtes ou des pommes de terre. Le reste du temps, ce n'était que des collations, avec du sucre, du sucre et encore du sucre... et j'avais toujours faim.

En septembre 2005, j'ai entrepris un programme alimentaire où je devais tout calculer ce que je mangeais. Je n'ai pas réussi à observer ces règles et, malgré mes efforts, j'ai perdu à peine 1/2 lb ou 1 lb par semaine. J'étais désespérée et... j'avais toujours faim.

Un jour, j'ai rencontré M. Stéphane Ferreira qui m'a parlé de son Concept, un principe qui m'a laissée sceptique.

Cependant, tout a changé quand j'ai appliqué le Concept Ferreira. C'est là que j'ai appris le

rapport entre la densité énergétique d'un aliment et la satiété qu'il procure. Obèse comme je l'étais, je n'aurais jamais pu imaginer que je devais manger plus pour maigrir. Avec le Concept Ferreira, je me suis rendu compte que je ne mangeais pas assez pour calmer mon appétit et comme j'avais toujours faim, je grignotais sans cesse des « cochonneries » et des sucreries au lieu de m'alimenter sainement. L'idée de perdre du poids en mangeant à satiété m'enchantait au plus haut point. Aucun autre régime n'abordait ainsi la notion de satiété. Bien au contraire. On nous inculquait l'idée qu'il fallait souffrir de la faim pour maigrir. La plupart des régimes affirmaient que l'obésité était causée par des excès alimentaires et présentaient donc la faim

Isabelle Lauzon

Oct. 2006
152 livres (69 kg)

comme une punition! Tu as trop mangé, tu dois donc maintenant te rapetisser l'estomac.

J'ai commencé à suivre le Concept Ferreira en avril 2006. Dans mon cas, le plus difficile a été de croire à cette théorie et de manger plus pour maigrir. Je l'ai fait, et même si mes repas se faisaient plus copieux et plus fréquents, je me suis mise à maigrir. Depuis que j'applique les principes du Concept Ferreira, j'ai perdu 173 livres (78,5 kg), en 15 mois! Ce régime extraordinaire me permet de manger à ma faim même si je dois surveiller mon alimentation. En ce qui concerne mon poids, j'atteins toujours les objectifs que je me fixe. Je n'aurais jamais pu imaginer qu'un régime me procurerait un jour pareille satisfaction. Pour moi, ce n'est plus un régime, mais un mode de vie que je suivrai pour le reste de mes jours.

Faites comme moi et donnez-vous une deuxième chance!

Août 2005
317 livres (143,8 kg)

Avec le Concept Ferreira, ce sera la bonne!

Soyez indulgent envers vous-même. Ne vous laissez pas abattre après avoir fait un mauvais choix alimentaire ou quand vous êtes incapable d'atteindre un objectif relié à l'exercice physique. Les matins où vous mangerez un gros beigne avec votre café en vous rendant au bureau ou les soirs où vous aurez un souper bien arrosé et de bons desserts, vous vous direz sans doute, comme je le faisais, que vous êtes aussi bien de vous empiffrer de « cochonneries » et de sucreries pour le reste de la journée ou de la soirée puisque vous avez déjà triché... Vous n'aurez pas à

Vous devez manger plus!

10

Mai 2003
320 livres (145,2 kg)

céder à cette tentation. Avec le Concept Ferreira, on peut se pardonner, plutôt que de se laisser aller à cette attitude destructrice. Il suffit de tenir compte de sa tricherie dans le choix des menus subséquents... et votre journée sera réussie. Avec le Concept Ferreira, il n'y a pas d'échecs! Juste des mises au point et des choix, mais, attention, on a le droit de chuter seulement une fois par semaine...

Isabelle Lauzon

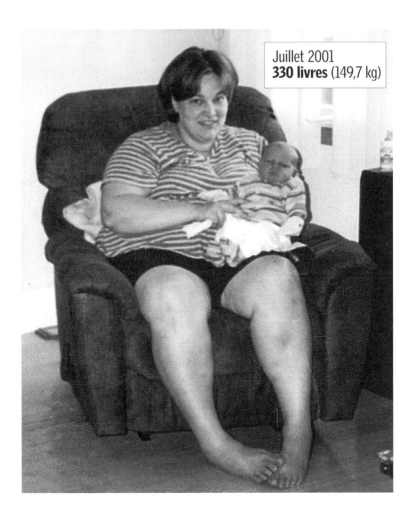

Juillet 2001
330 livres (149,7 kg)

Avant-propos

Enfin! Vous êtes là!

J e me présente: je m'appelle Stéphane Ferreira et mon travail est de faire maigrir les obèses. Les vrais, ceux pour qui le poids est devenu un véritable handicap.

J'en parle avec aisance parce que je suis moi-même un ancien gros. Malgré cela, à l'époque, j'ai décidé de devenir «M. Univers». Je n'y suis pas arrivé tout à fait, mais j'ai eu quelques succès.

J'étais obèse, mais armé d'une volonté à toute épreuve. Assez, en tout cas, pour songer que je pouvais remporter un concours de culturisme.

Quand j'ai décidé de participer à une compétition de culturisme, après avoir perdu mon poids, j'ai choisi un régime faible en hydrates, avec protéines et légumes verts à volonté. Après deux mois, j'avais un corps présentable, mais certainement pas prêt pour la compétition. Pourtant, il était impossible de continuer ce régime d'enfer. C'était trop éprouvant et je ne me sentais pas bien.

Mon rêve venait de s'envoler.

Une fois ma décision prise d'abandonner, frustré, je me suis gavé pendant quatre heures, sans arrêt, en commençant par un club sandwich, un gros morceau de gâteau forêt noire et, pour finir, des chips, du chocolat et de la crème glacée.

Le lendemain matin la première chose que j'ai faite en me levant a été de me regarder dans un miroir, convaincu que je venais de perdre le résultat de deux mois de privations.

Le choc! Mon corps avait littéralement explosé! Ma grande consommation de «cochonneries» pleines d'hydrates avait rempli mes muscles de ce précieux carburant qu'est le glycogène!

Mes muscles avaient doublé de volume en

Septembre 1999,
265 livres (120,2 kg)

plus d'avoir des striations profondes et une extrême vascularité! Ma peau était littéralement collée à mon corps!

Bref, j'avais l'impression d'être comme un paquet de viande dans un emballage sous vide. C'est comme ça que j'aurais dû être pour la compétition.

La vie est drôlement faite...

J'avais réussi à perdre 140 lb (63,5 kg) en dix mois avec une consommation élevée d'hydrates, mais pour la préparation du championnat, j'avais coupé plus de 80% de ma consommation d'hydrates (j'expliquerai plus tard ce que c'est) en les remplaçant par des protéines, croyant ainsi gagner beaucoup de masse et devenir très découpé.

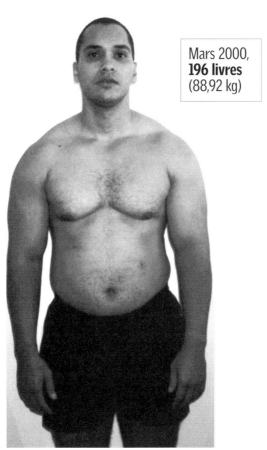

Mars 2000,
196 livres
(88,92 kg)

Juin 2001
152 livres (68,95 kg)

Nous étions en mai 2001, et pour moi, c'était un échec total, mais au lieu de me décourager, j'ai décidé de m'inscrire à une autre compétition qui avait lieu quatre semaines plus tard. Le championnat provincial de la fédération W.N.S.O. (World Natural Sport Organization).

J'avais décidé de me préparer avec mes anciennes amours, les hydrates de carbone (ça aussi, j'expliquerai plus tard ce que c'est). Jamais je n'ai calculé le nombre de glucides (un autre truc dont je vous entretiendrai) durant mon entraînement, et j'ai réussi à obtenir une excellente condition physique et à remporter la première place dans la catégorie poids léger.

Bon... On s'entend.

Je ne suis pas devenu M. Univers, mais devenir M. Québec en 12 semaines, ce n'est quand même pas si mal pour un ancien gros! Surtout que j'ai acquis toute cette musculature en respectant toutes les règles.

DÉTECTEUR DE MENSONGES

Éliminons immédiatement toutes les interrogations concernant les drogues et autres produits généralement utilisés pour augmenter la cadence d'entraînement.

Pour avoir officiellement le droit de participer au championnat, on doit tout d'abord passer au détecteur de mensonges. L'opérateur pose au candidat toute une série de questions concernant la consommation de stimulants, drogues ou stéroïdes pendant la préparation pour le championnat. Un échec à ce test signifie le renvoi automatique, avant même d'avoir mis le pied sur la scène. Quand on m'a annoncé que j'avais remporté la première place de ma catégorie, une personne attendait la fin de la remise des trophées pour m'accompagner aux toilettes où un homme m'ordonnait d'uriner dans un petit contenant. Ce n'est que deux semaines plus tard que j'ai, officiellement, reçu mon prix. Après ce délai, j'ai reçu, en même temps, la confirmation d'avoir passé les deux tests avec succès. J'étais désormais M. Québec W.N.S.O. 2001. Après cette victoire, je me suis promis de ne plus jamais couper les hydrates de carbone.

Juin 2002
168 livres (76,2 kg)

M. Montréal 2002
3ᵉ place, moyen

Tout ça, simplement pour vous dire que je ne suis pas un tricheur. Et que je ne vous mène pas en bateau en disant que vous perdrez du poids à la seule condition de manger plus que vous ne le faites maintenant, de manger COMME VOUS L'ENTENDEZ ET QUAND VOUS L'ENTENDEZ. Sauf en soirée...

Hélas, il y a cependant certaines règles à suivre, mais c'est facile. Et pour vous rendre la vie encore plus facile, je vais vous expliquer comment votre organisme fonctionne. Évidemment, c'est barbant! Utile, mais pas forcément excitant. C'est pourquoi les chapitres plus « songés » seront identifiés précisément.

LE «CONCEPT FERREIRA»

Chose certaine, si vous en avez assez de ces régimes à la mode qui vous interdisent de manger vos aliments préférés, que vous en avez assez de toujours avoir faim parce que vous suivez des régimes qui vous obligent à diminuer votre quantité de nourriture et que vous voulez trouver une façon saine et équilibrée de maîtriser votre poids, vous avez fait le bon choix en choisissant le « Concept Ferreira »!

Dans cette approche, même si vous ne visez pas les podiums des culturistes, vous allez trouver une façon de faire différente qui vous permettra de manger sans calculer les calories et sans réduire la taille de vos assiettées, pas plus que le nombre de vos repas. Au contraire! Le « Concept » vise à optimiser la sensation de satiété tout en limitant l'apport de sucre et de gras.

Vous découvrirez qu'on peut maigrir et maîtriser son poids en mangeant plus!

Le but est d'augmenter l'efficacité du métabolisme afin d'obtenir une meilleure combustion des graisses. On fait des mises au point de nos voitures régulièrement. Il faut faire la même chose avec notre organisme!

TROP GRAS? MAL RÉGLÉ!

Vous devez savoir que plus vous êtes gras plus vous aurez à manger des hydrates de carbone (riz, pâtes alimentaires, patates).

Ce sont nos amis!

Pourquoi manger beaucoup d'hydrates de carbone?

Pour la chaleur!

On parle souvent de «brûler les graisses». Pour y arriver, il faut de la chaleur.

Tout d'abord, il ne faut jamais passer plus de quatre heures sans manger. L'idéal serait de manger aux trois heures pour obtenir une bonne moyenne, mais tout le monde sait que c'est difficile à faire.

Il vous faut aussi savoir que vous aurez une journée par semaine où vous pourrez tricher pendant deux heures. Ce n'est pas beaucoup, mais dites-vous bien qu'il y a peu d'humains qui ont droit à deux heures consécutives de plaisir intégral! Même si on ne veut pas l'admettre, deux heures, c'est long! Et deux heures de bonheur, de délinquance, de jouissance, c'est encore plus sympathique! Vous pouvez tricher quand vous le voulez, mais il me semble que le samedi soir est tout indiqué pour cela... Enfin... À vous de voir quand pratiquer votre délinquance alimentaire!

UNE PASSION

Les preuves du bon fonctionnement de mon Concept ne sont plus à faire. Aujourd'hui, j'aimerais que tout le monde puisse en profiter. C'est, pour moi, un but, une obligation et une passion.

Votre poids n'a cessé d'augmenter au fil des années? Sachez que vous n'êtes pas le seul à avoir ce problème. Mais on va s'occuper de cette question.

En Amérique, plus de la moitié des adultes souffrent d'embonpoint ou d'obésité.

World Natural Sports Organization

5385 Yonge St. PO Box 45029 - Toronto, ON -M2N 5S0 - (905) 478-2111

www.worldnaturalsports.com

To Whom it may concern,

Please accept this letter that Stephane Ferreira competed in the Eastern Canadian Naturals on June 9th in Dorval, Quebec, and won his division.

He had also undergone drug testing encompassing both a lie detector test as well as urinalysis. All testing performed indicate that he is a natural athlete and permitted to compete in WNSO events.

Thank you very much,

Jeffrey Kippel
World Natural Sports

Stéphane Ferreira s'est souvent vu obligé de prouver, étant donné le physique d'athlète qu'il affiche en compétition, qu'il ne consommait aucun stimulant ou drogue pour avoir la forme idéale pour la compétition, comme le démontre le test antidrogue qu'il a passé avec succès.

L'industrie alimentaire nous offre une variété de plus en plus grande de produits riches en calories et facilement accessibles alors que nous sommes de moins en moins actifs. Comment ne pas prendre de poids dans cet environnement qui favorise l'obésité?

Pour éviter ce gain de poids, vous devrez, bien sûr, adapter votre alimentation à votre style de vie et vous devrez comprendre le fonctionnement de votre métabolisme. Vous apprendrez, par exemple, à choisir des aliments qui vous aideront à atteindre et à maintenir votre poids santé.

Voilà la beauté du Concept Ferreira!

DES PREUVES!

Aujourd'hui, je suis fier de rencontrer mes anciens clients. Ils n'ont pas de difficulté à maintenir leur poids grâce à la simplicité et la facilité de mon Concept.

Ils ont toujours une stratégie pour garder leur poids et ils en sont très fiers! Ces gens ont compris comment ils doivent se comporter. Ils ont acquis des connaissances et ils ont une vision logique de leur consommation d'aliments et de leurs dépenses énergétiques. Ainsi, ils peuvent vivre normalement et avoir une bonne relation avec la nourriture, ce qui est très excitant parce qu'ils sont la preuve vivante qu'ils ont fait échec à l'obésité, ce problème de santé aux proportions épidémiques. D'ailleurs, toutes les photos que vous allez voir dans le livre sont authentiques et tous les témoignages que vous allez lire sont véridiques.

VOTRE PLAN!

À la fin de ce livre, vous devrez établir votre propre plan alimentaire. Je vous proposerai une liste d'aliments et des recettes savoureuses et faciles à préparer, de même que des outils qui vous aideront à maintenir votre nouveau plan alimentaire.

Vous y trouverez par exemple :

- Des conseils qui vous permettront de modifier vos recettes favorites et d'incorporer davantage d'hydrates de carbone à votre régime alimentaire.
- Une liste de menus rapides à préparer à laquelle vous pourrez vous référer pour choisir vos repas.
- Des diagrammes que vous utiliserez pour noter vos progrès.

Partageons donc ensemble ce beau Concept et soyez fiers des victoires que vous allez faire chaque jour. Je vous offre mon Concept, mon soutien et mon expérience.

Préparez-vous à vivre une expérience alimentaire extraordinaire et à vous mettre en forme. Vous êtes plus prêt de vos rêves et de vos objectifs santé que vous ne le pensez !

Je ne peux pas vous promettre que vous n'aurez plus jamais de mal à maîtriser votre poids, mais je peux vous garantir que le Concept Ferreira vous aidera à atteindre et à maintenir votre poids santé.

Avant d'entreprendre ce programme, il vaudrait mieux consulter votre médecin ou votre pharmacien.

Ce qui ne vous empêche pas de faire connaissance avec le « Concept Ferreira » !

CHAPITRE 1

Vous devez manger plus !

Vous devez manger plus!

La majorité des clients qui se présentent chez moi sont désespérés et ont essayé tous les régimes. Pour la plupart d'entre eux, je suis leur dernière chance.

Comme pour ceux qui viennent me consulter, votre plus grand défi sera de concevoir que vous allez devoir manger plus. Ce sera aussi un défi pour moi de vous convaincre de manger plus pour obtenir le meilleur résultat. Donnez-vous une chance. Commencez par visionner votre objectif. Avec mon Concept, je vais vous apprendre à visionner l'intérieur de votre corps et à connaître le fonctionnement de votre organisme, ce qui vous permettra de manger sans toujours mesurer les quantités d'aliments et les calories.

À titre d'exemple, supposons que vous êtes une personne de 5'8 (1,73 m) et que vous pesez 280 livres (127 kg), peu importe votre âge ou votre sexe. La première constatation, c'est que vous avez entre 80 et 120 livres (de 35 à 55 kg) en trop. Pour vos déplacements ou tout autre effort physique, vous consommez plus d'énergie qu'une personne avec un poids santé qui effectue les mêmes tâches. Comme une centrale électrique, plus la demande en énergie est grande, plus on doit ouvrir les digues du barrage pour produire encore plus d'énergie. Le débit d'eau qui fait tourner les turbines pour produire de l'énergie, de la chaleur, de la lumière est comme la nourriture. C'est pourquoi vous devez visionner votre corps puisque vous êtes comme une centrale électrique. Vous devez fournir de l'énergie à votre organisme pour qu'il puisse produire de la chaleur et faire fondre la graisse qui vous enveloppe. Votre source de chaleur, ce sont les hydrates complexes ou les sucres complexes (riz, patates, pâtes).

Ces trois sources de chaleur seront la base de votre régime. Tout au long de cet ouvrage, je vais vous amener à un niveau de connaissances qui va vous stimuler. Grâce à la connaissance de votre organisme, vous aurez une meilleure assurance d'atteindre votre objectif. Surtout, vous allez y croire parce que vous allez comprendre comment atteindre votre objectif et le maintenir. Je vous apprendrai aussi:

- À comprendre les graisses, les protéines, les glucides et comment les utiliser dans le cadre de ce Concept.
- Comment le métabolisme élimine les graisses.
- Comment des vitamines ou minéraux spécifiques peuvent contribuer à la perte de poids.
- L'utilité des hormones de croissance.
- Comment mettre au point une liste d'aliments à consulter pour votre régime.
- Plus de 40 recettes pour vous aider au quotidien.
- Ce qu'est l'amidon de maïs modifié (maltodextrine).
- Comment cibler, avec différents exercices, des parties du corps qui posent problème.
- Des témoignages vrais de gens qui ont obtenu des résultats inespérés avec le Concept Ferreira.
- Le programme alimentaire.

Témoignage

« J'adorais manger et grignoter. En plus, j'avais des problèmes et, pour utiliser une expression populaire, je mangeais littéralement mes émotions ! Sauf que je mesure cinq pieds et que je savais qu'en pesant 301 livres (136,5 kg) il y avait quelque chose qui ne fonctionnait pas. Après avoir rencontré Stéphane et m'être décidée à essayer sa recette – je n'avais rien à perdre – j'ai perdu 111 livres (50 kg) en 10 mois ! »
Marie C.

CHAPITRE 2

Brûleurs de graisse

Brûleurs de graisse

MÉTABOLISME

Si vous suivez un régime à base de fruits, légumes, viandes, poissons ou noix et que, selon la tendance, vous coupez vos pâtes, riz ou pommes de terre, vous allez utiliser immédiatement vos sucres disponibles et ensuite le corps utilisera ses réserves de glycogène. Une fois ses réserves épuisées, l'organisme sera dérouté.

Pour bien fonctionner, le cerveau a besoin de sucre, ce qui fait que si vous coupez vos hydrates complexes, l'organisme consommera ses précieuses protéines pour les convertir en sucre, ce qui forcera le système immunitaire et le métabolisme à fonctionner à bas régime. Les muscles se mettront alors à fondre et la peau se relâchera.

La première semaine d'une telle diète, la seule chose que vous avez faite est de réduire l'apport calorique en vous imposant un régime faible en hydrates complexes. Autrement dit, vous avez perdu de l'eau et en réalité vous n'avez pas perdu un seul gramme de graisse.

À la deuxième semaine, l'organisme s'attaquera aux graisses. Mais il arrive trop souvent que ce genre de diète nous dérange tellement qu'on se décourage, car la perte de poids des premiers jours ne se répète pas la deuxième semaine. Pourtant, vous avez fait beaucoup de sacrifices pendant ces deux semaines et vos efforts n'ont pas été récompensés. Vous vous découragez alors et vous commencez à tricher... En faisant cela, vous demandez à votre organisme de fonctionner au maximum de ses capacités !

Il faut savoir que notre matériel génétique a environ 100 000 ans. Les produits de « *fast food* », le chocolat, la farine blanche et le sucre raffiné sont utilisés depuis beaucoup moins longtemps et notre métabolisme n'y est pas habitué. Ajoutons à cela la présence des agents de conservation et des colorants tirés de l'amidon de maïs modifié ou maltodextrine, qui sollicitent votre organisme de manière excessive (voir p. 178). Tous ces produits n'ont pas été encore «enregistrés» dans notre programme génétique et l'organisme ne sait pas quoi en faire. Gardez ces informations en tête, car quand vous commencerez votre régime, vous devrez apporter une attention particulière à votre consommation de ces produits.

Vous allez prendre connaissance également de l'importance du glycogène pour le bon fonctionnement du cerveau, pour garder vos muscles en santé et conserver une peau plus ferme.

Le glycogène est l'élément clé de votre réussite. Toutefois, le glycogène n'a aucune chance de jouer son rôle si votre sang contient trop d'insuline, à cause de votre trop grande consommation de sucre simple. L'organisme doit dépenser beaucoup d'énergie pour éliminer les sucres simples dans le sang. C'est pourquoi il est important de consommer des sucres complexes en grande quantité pour que le corps puisse fonctionner normalement et augmenter le rythme de son métabolisme et ainsi éliminer rapidement ses graisses indésirables.

LES MITOCHONDRIES
La transformation des lipides en énergie

Les molécules de graisse vont directement vers vos

Témoignage

«Après avoir accepté les règles du Concept, même si ça allait à l'encontre de tout ce qu'on m'avait déjà dit et de tout ce que j'avais essayé, mon poids est passé de 245 lb à 180 lb (de 111 kg à 81,5 kg) en quatre mois.»
Pascale D., 32 ans

cellules musculaires. Ces molécules sont absorbées par les mitochondries « chaudières » qui brûlent les graisses dans les cellules. Ces opérations exigent des nutriments essentiels, comme les vitamines, les sels minéraux et les oligoéléments. Si nous n'absorbons pas de « brûleurs de graisse » dans notre alimentation, les graisses s'installent aux endroits indésirables. On ne grossit donc pas uniquement parce qu'on a faim, mais aussi parce que les bourrelets ne sont pas attaqués si on n'absorbe pas les vitamines requises. Toutes les vitamines, tous les sels minéraux et les oligoéléments sont essentiels. En étudiant de plus près ces substances vitales, j'ai remarqué que certaines vitamines et certains minéraux augmentent de façon importante la perte des graisses.

QUELS SONT CES SUPPLÉMENTS ?
La vitamine C

Pour éliminer les graisses, l'organisme dévore littéralement la vitamine C. Si l'on n'en a pas assez, il est impossible de maigrir. Sans vitamines C, le corps ne peut produire de noradrénaline, une hormone que les glandes surrénales envoient dans le sang lorsqu'on est soumis à un stress, par exemple, l'exercice physique. Cette hormone puise dans les graisses pour produire de l'énergie et en retirer assez de noradrénaline pour attaquer vos bourrelets disgracieux.

Pour y arriver, vous devez absorber suffisamment de vitamine C.

Les personnes qui ont un surplus de poids manquent souvent de vitamine C. C'est alors le cercle vicieux : comme la vitamine C protège chaque cellule, une personne avec un surplus de poids a donc beaucoup de cellules à protéger, ce qui la force à avoir plus de vitamine C pour obtenir un résultat. Linus Pauling, Prix Nobel et père de la vitamine C, en prenait plus de 5 000 mg par jour. Cette théorie est cependant contestée par le corps scientifique, Pauling, bien que Prix Nobel, étant un physicien et non un médecin. Selon lui, un minimum de 1 000 mg par jour est nécessaire si on veut maigrir.

Biotine, choline, inositol

La biotine, choline et l'inositol sont des vitamines du groupe B qui travaillent ensemble pour métaboliser les graisses. Elles y arrivent bien s'il y a une quantité suffisante de méthionine en acide aminé essentiel. Sans elle, la choline ne peut être synthétisée.

Méthionine, l'acide aminé de la minceur

Vous vous sentez souvent fatigué et abattu? Peut-être que vous avez un taux de méthionine trop faible dans le sang. Cet acide aminé joue un rôle essentiel et déterminant dans la constitution des protéines. Une carence en méthionine affaiblit le système immunitaire et augmente le risque de cancer et, surtout, fait grossir. On trouve la méthionine dans le foie, la viande, le poisson, la volaille, le fromage, le yogourt, les lentilles et les dérivés de soya. Une augmentation de méthionine est fortement recommandée sous forme de suppléments.

Sur le marché, on trouve souvent ces vitamines sous forme de capsules. Elles sont vendues ensemble sous le nom de formule lipotropique, un produit composé d'inositol, méthionine et choline. Seule la biotine devra être achetée séparément. Un manque de biotine ralentit le métabolisme des graisses.

Depuis sept ans, je suggère à ceux qui me consultent de prendre de ces vitamines. Elles sont très efficaces et elles ont l'avantage d'être complètement inoffensives. Ces facteurs lipotropiques n'affectent pas les organes internes. Je m'explique. Certains produits en vente libre ont des propriétés thermogéniques. La thermogénie est l'augmentation de la chaleur du corps par la prise de suppléments faits à base de caféine, d'éphédrine et d'autres composants stimulants. Je vous déconseille l'achat de ce genre de produit. Ils provoquent de l'insomnie, des palpitations cardiaques et peuvent augmenter la pression artérielle.

N'oublions pas que ma théorie concerne des gens qui ont un sérieux problème de poids. Ce genre de supplément ne peut que fatiguer leur système, ce qui va à l'encontre de mon objectif qui est d'augmenter le métabolisme, d'avoir plus d'énergie et, naturellement, une meilleure récupération. Les suppléments proposés vont augmenter la transformation des graisses en énergie sans influer sur votre organisme. La biotine, la choline, l'inositol et la méthionine doivent faire partie de votre liste de suppléments.

Le potassium

Le potassium est l'un des minéraux les plus importants. Il fonctionne en association avec le sodium et le chlore, mais les besoins de l'organisme pour ces derniers minéraux sont plus faciles à combler que lorsqu'il s'agit du potassium.

Un homme de 160 lb (72,5 kg) a besoin de 200 à 300 mg de potassium par jour. Pour une personne de 240 lb (108,8 kg), avec un surplus de poids de 80 lb (36,3 kg), la demande en potassium est beaucoup plus grande. Pourquoi ? Parce que son système basal exige plus d'énergie pour supporter cet excédent de poids. Le potassium équilibre les liquides dans vos cellules. Un manque de potassium peut engendrer de la rétention d'eau. En temps normal, les carences en chlore et sodium sont plutôt rares. Mais une personne qui se soumet à un régime doit porter une attention particulière au potassium. Je vous suggère donc fortement un supplément de potassium.

Consultez un spécialiste pour plus de renseignements.

N.B. : Le potassium est utilisé pour la digestion et la synthèse des protéines et de l'amidon. Il peut s'agir d'une aide précieuse pour éviter de se sentir « gonflé » quand vous mangez des pâtes, des pommes de terre ou du riz.

Le sélénium

Le sélénium est un oligoélément essentiel et c'est aussi un antioxydant vital pour le métabolisme humain. Il protège contre un certain nombre de cancers et d'autres maladies liées notamment au vieillissement. Souvent, quand une personne a perdu beaucoup de poids, on a l'impression qu'elle a pris un coup de vieux. Pour éviter ce phénomène et conserver une bonne qualité de peau après un changement alimentaire radical et le stress engendré par l'exercice physique, le sélénium est suggéré. Le sélénium est un minéral qui effectue la synthèse du radical superoxyde et élimine l'électron supplémentaire. Le radical superoxyde est un atome d'oxygène ayant reçu un électron supplémentaire à la suite d'incidents biochimiques dans le corps causés, entre autres, par l'air que nous respirons.

Le radical péroxynitrite, quant à lui, est formé à partir de la libération, par les globules blancs, des molécules qui contiennent de l'azote. La rencontre de l'azote et de superoxydes donne naissance à un monstre appelé péroxynitrite, un élément particulièrement mauvais pour les protéines et les gènes.

Le chrome

Cet oligoélément se greffe sur l'insuline pour augmenter le transport du glucose (sucre dans le sang) à travers la membrane des cellules et jusqu'au centre de celle-ci où il est transformé en énergie. Le chrome est un allié indispensable du facteur de tolérance du glucose qui permet à l'insuline (une enzyme pancréatique) de stabiliser votre consommation de glucose, véritable carburant de base de toutes vos cellules organiques. Le chrome élimine le sucre dans le sang et le transforme en énergie et, en même temps, diminue l'envie de consommer du sucre. Un aide précieux pour les mangeurs compulsifs de sucre.

Le calcium

La plupart des gens connaissent l'importance du calcium pour les os et les dents. Pourquoi doit-on prendre un supplément de calcium ? C'est prouvé scientifiquement qu'un manque de calcium enraye considérablement la perte de poids. C'est important parce que dans mon Concept, la consommation de produits laitiers complets est réduite au profit de produits laitiers « légers ». Il y a donc lieu de consulter son médecin à ce sujet.

Dr.D.Laliberté

Madame Danielle Vallée constate que depuis qu'elle suit le régime Concept
Ferreira, ses problèmes de diarrhée sont rétablie a 95%, une grande
amélioration dans sa vie. J'aimerais avoir une signature pour confirmer ses
dires.

Merci à l'avance

Stéphane Ferreira

Daniel Laliberté M.D.   CMFC
855 Carson, Dorval H9S 1L8
Tel: 631-6086 Fax: 631-6091
Lic. # 931168

*Le docteur Daniel Laliberté a
lui-même constaté, d'après
les dires d'une patiente, qu'en
suivant le CONCEPT FERREIRA
elle a vu une grande
amélioration à un de ses
problèmes de santé ainsi qu'à
son problème de poids.*

POSOLOGIE DE BASE
DES SUPPLÉMENTS
POUR VOTRE PERTE DE POIDS

Voici les suppléments que j'ai utilisés pendant mon régime. Je propose une posologie semblable à mes clients depuis huit ans. Ces suppléments ont l'avantage d'être sans danger pour la santé, et une centaine de mes clients les ont utilisés sans aucun effet secondaire ou interaction avec leurs médicaments. Cependant, si vous devez prendre des médicaments, il vaut mieux en parler à votre médecin.

TABLEAU DES SUPPLÉMENTS QUOTIDIENS		
matin	**midi**	**soir**
biotine 250 mcg		biotine 250 mcg
calcium 500 mg		calcium 500 mg
chrome 500 mcg		chrome 500 mcg
MULTIVITAMINES ET MINÉRAUX : 1 comprimé par jour		
potassium 167 mg		potassium 167 mg
formule lipotropique	formule lipotropique	formule lipotropique
vitamine C 1 000 mg		vitamine C 1 000 mg
sélénium 100 mcg		sélénium 100 mcg

Dites-vous que c'est le minimum requis pour être certain d'obtenir des résultats plus rapidement. Une fois que vous connaîtrez mieux votre métabolisme, vous pourrez apporter des changements dans vos suppléments. Par exemple, si vous constatez que vous perdez plus d'eau en été à cause de votre surplus de poids et votre transpiration, il sera tout à fait logique d'augmenter votre apport quotidien en potassium de 334 mg à 1 000 mg pour compenser la perte de potassium...

Je suis conscient que ça fait beaucoup de comprimés à prendre pour certaines personnes, mais vous avez déjà pris connaissance de l'importance de ces suppléments et des raisons qui font qu'ils sont indispensables. Je vous fais quand même un résumé:

- Les multivitamines et les minéraux permettent d'éviter les carences.
- La vitamine C est importante pour la récupération.
- Le calcium est important pour garder nos os en santé.
- Le potassium évite un déséquilibre hydride sur le plan cellulaire qui peut causer la rétention d'eau.
- Les formules lipotropiques constituent une aide précieuse et efficace pour aider à mieux éliminer les graisses.
- La biotine est nécessaire au métabolisme des graisses.
- Le chrome élimine le sucre dans le sang et nous permet de mieux contrôler nos « rages » de sucre.
- Le sélénium permet de garder le système immunitaire performant contre certaines formes de cancer liées au vieillissement.

Ces suppléments servent à créer un environnement en symbiose avec l'organisme et apporter l'aide nécessaire de façon biologique et naturelle, sans effet secondaire à court ou à long terme pour que la perte de poids soit rapide et stable.

UNE FOIS VOTRE POIDS ATTEINT: QUOI FAIRE AVEC LES SUPPLÉMENTS?

Vous pouvez arrêter complètement de prendre des suppléments ou créer votre propre combinaison. Tous les jours, je prends des multivitamines, de la vitamine C (500 mg, deux fois par jour), du sélénium, (100 mcg, deux fois par jour), du potassium (167 mg, deux fois par jour). C'est à vous de faire votre propre combinaison. Après avoir lu le chapitre sur les suppléments, je suis certain que vous ferez un choix judicieux, selon votre style de vie.

Maintenant, je préfère que les clients consultent un pharmacien avant d'acheter ces produits. Ces spécialistes savent très bien vous guider et vous pouvez les consulter en toute confiance.

LES COMPAGNIES DE SUPPLÉMENTS

(Il s'agit évidemment d'exemples. D'autres compagnies mettent sur le marché d'excellents produits. La seule recommandation est de respecter la posologie et, encore une fois, la consultation d'un médecin ou d'un pharmacien est utile, particulièrement si vous devez prendre des médicaments.)

- Multivitamines et minéraux :
  Solcar, formule VM75
- Chrome, 500 mcg : Swiss
- Potassium, 167 mg : Swiss
- Calcium, 500 mg : Swiss
- Sélénium, 100 mcg : Swiss
- Vitamine C, 500 mg : Jamieson
- Formule lipotropique : Swiss
  (contient de l'inositol, de la choline et de la méthionine. Il faut acheter la biotine séparément.)
- Biotine, 250 mcg : Trophic

Ces produits sont relativement bon marché : leur prix se situe entre 4 $ et 12 $ par contenant.

**Brûleurs
de
graisse**

42

Le 20 décembre

UNIPRIX PLACE NEWMAN LASALLE
M.Donald Pearson
Propriétaire
2101, rue Dollard
Lasalle (Québec)

OBJET: Référence professionelle

Cette lettre à pour but de vous informer que moi, M. Donald Pearson, propriétaire de la pharmacie
UNIPRIX de la Place Newman à Lasalle, travaille en étroite collaboration avec M. Stéphane Ferreira depuis
plus de 4 ans. M. Stéphane Ferreira nous envoie ses clients afin qu'ils puissent acheter leurs suppléments
en vente libre et par le fait même, ils peuvent me demander des conseils à savoir si certains suppléments
pourraient interagir avec leur médication.

J'ai constaté depuis longtemps que toutes les personnes qui on fait le Concept Ferreira ont perdu du
poids de façon spectaculaire et rapide. J'ai pu remarquer par les commentaires des clients qu'ils étaient
en meilleure forme. Aucun problème de santé ne m'a été reporté depuis ce temps.

Donald Pearson
Propriétaire

*Stéphane Ferreira travaille en
étroite collaboration depuis
plusieurs années avec des
professionnels de la santé,
comme en témoigne la lettre de
M. Pearson, propriétaire de la
pharmacie Uniprix, Place Newman
à Ville Lasalle.*

CHAPITRE 3

Les édulcorants non nutritifs

Les édulcorants non nutritifs

L a majorité des édulcorants chimiques ne procurent aucune calorie. Pourtant, il est important de les connaître et de savoir comment ils peuvent agir sur notre organisme.

ASPARTAME

L'aspartame est conçu avec deux aminés, l'acide aspartique et la phénylalanine. L'acide aminé (phénylalanine) pris en excès peut s'accumuler dans les tissus nerveux et cérébraux. Il peut causer une arriération mentale chez les jeunes enfants. L'étiquetage doit préciser si le produit contient de la phénylalanine.

SUCRALOSE

Le sucralose est le seul édulcorant fabriqué à partir du sucre. Mais votre organisme ne l'identifie pas comme un glucide. Il s'élimine entièrement sans modification pour votre organisme. Plusieurs dizaines d'études ont démontré qu'il ne présente aucun danger pour la santé. Il est par contre plus cher à l'achat, mais plus sûr pour votre santé, à long terme.

LIRE L'ÉTIQUETTE

Pour choisir vos aliments, vous devez toujours vérifier la valeur nutritive de ceux-ci.

Tous ces éléments apparaissent sur l'étiquette des produits que l'on retrouve en épicerie.

N'oubliez pas que les valeurs indiquées sont pour une portion seulement.

Toujours regarder la quantité de gras (lipides), de sucre et vérifier les hydrates de carbone/glucides pour les aliments qui seront consommés après 18 h.

Toujours prendre des aliments qui contiennent le moins possible de grammes de gras (lipides) et de sucre.

Exemples:

SOUPE POULET ET NOUILLES

VALEUR NUTRITIVE	
portion	250 ml
calories	100
lipides ***	***1,5 g
sodium	200 mg
glucides	16 g
fibres	1 g
sucre ***	***0 g
protéines	6 g

***Si nous observons cette étiquette par rapport à la portion, la quantité de lipides est de moins de 2 %.
Jusque-là, aucun problème.
Maintenant, allons voir les sucres.
***Comme on peut le constater, les sucres sont nuls, ce qui signifie que cette soupe serait un choix judicieux.

CÉRÉALES ÉRABLE ET NOIX

VALEUR NUTRITIVE	
portion	55 g
calories	220
lipides***	***2,5 g
sodium	115 mg
glucide	44 g
sucre***	***14 g
protéines	6 g

***Pour les graisses, il n'y a aucun problème à moins de 4 g par portion.

***Par contre si on regarde les sucres, on a un sérieux problème. C'est beaucoup trop élevé.
Un choix à éviter...

MARGARINE ORDINAIRE

VALEUR NUTRITIVE	
portion	10 g
calories	70
lipides***	***8 g
sodium	65 mg
glucides	0 g
sucre***	***0 g
protéines	0 g

***Un taux de lipides de 8 g par portion est très élevé. Il s'agit donc d'un très mauvais choix...
***Les sucres sont pourtant à 0, mais à cause de la teneur en lipides, la margarine ordinaire est exclue.

Apprenez à balancer les lipides et les sucres par rapport à la portion afin d'obtenir, idéalement, un total de moins de 10 % de sucre et de graisse par portion.

CHAPITRE 4

Pas de calcul !

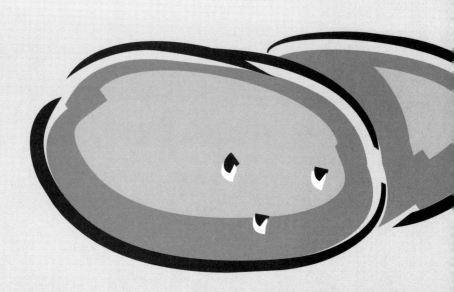

Pas de calcul!

Nous sommes maintenant prêts à commencer notre régime. Je vais vous donner un exemple d'une grille hebdomadaire de diète afin de vous donner un aperçu de la façon de répartir vos repas et de trouver votre propre style de régime. J'aimerais juste vous faire un rappel sur la philosophie du Concept.

- Plus vous êtes gros, plus la portion de glucides complexes sera abondante (riz, pâtes, patates).
- Un manque de glucides complexes ralentit le rythme de votre métabolisme, alors que le but du Concept est justement l'inverse. Il faut augmenter le rythme de fonctionnement de votre métabolisme.
- Vous n'avez pas à calculer vos portions de protéines et de légumes frais.
- Vous n'avez pas à calculer les portions de glucides complexes (riz, pâtes, patates).
- Attention: si l'organisme manque de vitamines ou de minéraux, le signal de la faim se fera sentir jusqu'à ce que le manque soit comblé.
- Les recettes ou aliments proposés dans le Concept ne contiennent aucune information sur le nombre de calories ou la quantité de lipide ou de sucre. Ils ont été choisis en fonction de leur très faible teneur en gras et en sucre rapide. C'est la base du Concept: aucun calcul! Notre choix est basé sur la logique. Par exemple: 1 ou 10 patates contiendront toujours 0 gras et 0 sucre rapide, quelle que soit la quantité de patates. Même chose avec le riz. Les pâtes contiennent en moyenne un gramme de gras et un gramme de sucre pour une portion de 85 g.
- Il ne faut pas négliger les vitamines et minéraux suggérés. Certains de ces éléments

sont essentiels au bon fonctionnement du métabolisme et d'autres jouent un rôle majeur pour accélérer la perte de poids. Ils aident aussi l'organisme à métaboliser vos lipides.

- Le sodium n'est pas pris en considération dans le Concept.
- Aucune quantité d'eau ne vous sera imposée. Buvez de l'eau si vous le désirez.
- Dans ce Concept, le sodium et l'eau ne sont pas des obstacles pas plus qu'ils ne constituent une aide pour une perte de poids rapide.
- Les graisses, sous quelque forme que ce soit, seront réduites au minimum à moins de 10% par repas.
- Une portion de pain par jour (2 tranches de pain, 1 pain hamburger, 2 petits pains pita ou 1 gros).
- 3 fruits maximum par jour (voir liste page 61).
- 2 ou 3 collations par jour (voir liste page 109).
- 3 portions de légumes frais par jour (voir liste pages 61).
- 3 portions de fromage, produits laitiers et viande par jour (voir liste pages 59 et 60).
- 2 ou 3 portions d'hydrates complexes ou de glucides complexes par jour (voir liste pages 56, 57, 58 et 61).
- Si vous travaillez le jour, coupez les glucides (riz, pâtes, patates, fruits, céréales, légumineuses et pain) après 18h.
- Si vous travaillez le soir, coupez les glucides (riz, pâtes, patates, fruits, céréales, légumineuses et pain) après 20h, jusqu'au lendemain matin.
- Si vous travaillez de nuit, coupez les glucides (riz, pâtes, patates, fruits, céréales, légumineuses et pain) après 4h jusqu'au coucher.
- Certains condiments «légers» contiennent du sucre sous forme d'amidon de maïs modifié (maltodextrine). Selon votre horaire, limitez

à six grammes par jour la quantité de sucre provenant de ces condiments en tenant compte du fait que vous travaillez le jour, le soir ou la nuit et du moment où vous coupez vos hydrates.

- Une fois par semaine, vous pouvez tricher, mais deux heures, au maximum, et seulement une fois par semaine. (Voir tableau page 52 et 53).
- Il ne doit pas se passer plus de quatre heures entre les repas principaux.
- Il vous est suggéré de prendre une collation entre chaque repas principal.
- Les portions de céréales, pâtes, patates, riz ne sont pas limitées.

Les possibilités sont immenses une fois que vous comprenez votre métabolisme. Vous pourrez confectionner des recettes à partir des menus proposés.

Quand vous saurez comment organiser votre semaine, rien, dans un menu, ne vous empêchera de changer le riz pour des vermicelles de riz. C'est la même chose, mais présentée sous une forme différente.

Dans une recette, vous pouvez également changer le poulet pour des crevettes ou encore simplement faire un riz aux légumes.

Cependant, je vous conseille tout d'abord de suivre à la lettre les règles et les recettes jusqu'à ce que vous puissiez faire la différence entre les bonnes et les mauvaises combinaisons. La grille, que vous trouverez à la page suivante, n'est qu'un exemple pour vous aider à établir vos repas de la semaine. Vous trouverez des menus et des recettes au chapitre 5.

Rappelez-vous que le matin, vous devez :
- Choisir un déjeuner avec hydrates ou faible en hydrates parmi les menus 1 et 2.
- Ensuite, choisir 2 ou 3 portions avec hydrates parmi les menus 3 que vous mangerez avant

LUNDI	MARDI	MERCREDI	JEUDI
Déjeuner hydrates	Déjeuner faible en hydrates	Déjeuner hydrates	Déjeuner hydrates
1A	**2A**	**1A**	**1A**
Repas hydrates	Repas hydrates	Repas hydrates	Repas hydrates
Menu 3 avant 18h ou avant 20h ou 4h selon votre horaire	**Menu 3** avant 18h ou avant 20h ou 4h selon votre horaire	**Menu 3** avant 18h ou avant 20h ou 4h selon votre horaire	**Menu 3** avant 18h ou avant 20h ou 4h selon votre horaire
3C	**3G**	**3F**	**3A**
Collation menu 5	Collation menu 5	Collation menu 5	Collation menu 5
3A	**3A**	**3K**	**3L**
3F	**3F**	**3B**	**3M**
Collation menu 5	Collation menu 5	Collation menu 5	Collation menu 5
Repas faible en hydrates	Repas faible en hydrates	Repas faible en hydrates	Repas faible en hydrates
Menu 4 après 18h ou après 20h ou 4h selon votre horaire	**Menu 4** après 18h ou après 20h ou 4h selon votre horaire	**Menu 4** après 18h ou après 20h ou 4h selon votre horaire	**Menu 4** après 18h ou après 20h ou 4h selon votre horaire
4D	**4B**	**4A**	**4C**

Pas de calcul!

18h, 20h ou 4h, selon votre horaire de travail.

• 2 ou 3 collations par jour avec hydrates que vous choisirez parmi la liste proposée au menu 5 et à manger avant 18h, 20h, 4h, selon votre horaire de travail.

• Il y a également les suggestions du menu 4 si vous désirez manger après 18h, 20h ou 4h, selon votre horaire de travail.

Souvenez-vous également qu'il y a plusieurs sauces sans gras et même sans sucre sur le marché. Elles peuvent agrémenter vos repas sans que vous ayez à tricher. Regardez les étiquettes nutritionnelles avant d'acheter. Exemples: sauces St-Hubert, Cordon Bleu, Knorr. Attention: s'il s'agit d'une sauce en sachet, assurez-vous que vous n'avez que de l'EAU à rajouter!

VENDREDI	SAMEDI	DIMANCHE
Déjeuner hydrates	Déjeuner hydrates	Déjeuner faible en hydrates
1A	**1A**	**2A**
Repas hydrates	Repas hydrates	Repas hydrates
Menu 3 avant 18 h ou avant 20 h ou 4h selon votre horaire	**Menu 3** avant 18h/pm ou avant 20 h ou 4h selon votre horaire	**Menu 3** avant 18h/pm ou avant 20 h ou 4h selon votre horaire
3G	**3A**	**3C**
Collation menu 5	Collation menu 5	Collation menu 5
3W	**3Q**	**3D**
3S	**3U**	**3O**
Collation menu 5	Collation menu 5	Collation menu 5
Repas faible en hydrates	Repas faible en hydrates	Repas faible en hydrates
Menu 4 après 18 h ou après 20 h ou 4h selon votre horaire	**Menu 4** après 18 h ou après 20 h ou 4h selon votre horaire	**Menu 4** après 18 h ou après 20 h ou 4h selon votre horaire
4F	**4A**	**4D**
	Tricher 2 heures	

À titre d'exemple, pour les travailleurs de soir, si vous déjeunez vers 10h, cette grille est parfaite. Vous n'avez qu'à couper les glucides complexes et simples après 20h. Les règles pour vous sont les mêmes, vous n'avez qu'à décaler vos journées de deux heures.

Pour les travailleurs de nuit qui se couchent à huit heures du matin, vous ne devez prendre aucun glucide avant d'aller dormir. Si votre réveil se fait à 14h, vous choisissez votre déjeuner parmi les choix proposés. Durant l'après-midi et la soirée, choisissez des repas avec hydrates et des collations parmi les choix proposés au menu 3 et au menu collations 5, jusqu'à 4h. Ensuite, optez pour le menu 4 jusqu'au coucher.

Pour les travailleurs de nuit dont l'horloge biologique est sûrement déréglée, je conseille de déjeuner deux jours par semaine sans fruits et de prendre deux déjeuners faibles en hydrates (voir déjeuner faible en hydrates). Sachez que l'organisme travaille moins bien la nuit que le jour.

Une fois par semaine, vous pouvez tricher. Pour un seul repas et pour un total de deux heures, maximum.

Voici un exemple de tricherie: allez voir la grille hebdomadaire du samedi et arrêtez-vous sur la journée du samedi. Vous verrez qu'il est possible de manger un hamburger avec fromage, une grosse frite et de la tarte au sucre.

Mais, le dimanche matin, voici ce que devra être votre petit-déjeuner: 2A ou 2B faible en hydrates, et vous constaterez que la portion de fruits passe de 3 à 1, pour cette journée. Vous devrez aussi reprendre le rythme alimentaire régulier: avant 18h pour les travailleurs de jour, 20h pour les travailleurs de soir et 4h pour les travailleurs de nuit en ce qui concerne la consommation d'hydrates ou de glucides complexes.

J'ai choisi la journée du samedi pour donner un exemple, car c'est souvent ce jour-là que les tentations sont les plus fortes. Mais il est évident que vous choisissez la journée qui vous convient.

Si vous préférez tricher le matin ou le midi, vous devrez choisir des repas faibles en hydrates pour le reste de la journée. (Voir menu 4)

Témoignage

«Ça ne me rentrait pas dans la tête de manger plus de patates, de riz ou de pâtes, mais Stéphane était si convaincant quand il me disait que je serais très surpris des résultats. Effectivement, cela a été étonnant! Mon poids est passé de 333 lb (151 kg) à 260 lb (118 kg) avec deux séances d'entraînement par semaine seulement.»

Normand C., 57 ans

CONSEILS

Plus vous êtes actif, plus vous pouvez manger d'hydrates. Mais attention, on parle d'hydrates sans sucre et sans gras.

Quelle que soit la masse adipeuse que vous devez perdre, après 18h, 20h ou 4h selon votre horaire de travail, évitez les hydrates comme le pain, le riz, les pâtes, les légumineuses, les fruits ou le yogourt.

Optez autant que possible pour des aliments entiers plutôt que pour des aliments modifiés. Les aliments modifiés contiennent souvent plus de gras et de sucre.

Réduisez les matières grasses en retirant la peau des volailles et en enlevant le gras apparent sur les pièces de viande.

Les blancs d'œufs ne contiennent aucun gras et peuvent être battus plusieurs fois. Bon nombre de recettes permettent de remplacer un œuf entier par deux blancs d'œufs.

STRATÉGIES POUR RÉDUIRE L'APPORT EN MATIÈRES GRASSE (M.G.)

- Optez pour des vinaigrettes légères, faibles en gras ou sans gras.
- Mangez des soupes à base de bouillon maigre sans gras et non à base de crème.
- Garnissez vos pommes de terre au four de yogourt nature, évitez le beurre et la crème sure non allégée.
- Assaisonnez vos plats avec des ingrédients « légers ».
- Faites revenir champignons, oignons, céleri et autres légumes dans un bouillon faible en gras, ou dans le Pam ou autre aérosol de cuisson.
- Rehaussez la saveur de vos plats en y ajoutant des légumes. Les oignons, l'ail, le céleri et les piments sont excellents en ce sens.

- Agrémentez vos plats de sauces et de condiments sans gras : moutarde, salsa, sauce soya, sauce aux piments forts, sauce teriyaki, gingembre frais, raifort, vinaigre, sauce Worcestershire, etc.
- Utilisez des herbes et des épices selon votre goût et sans aucune restriction.
- Favorisez les méthodes de cuisson qui ne nécessitent pas l'ajout de gras, comme la cuisson au four, sur le grill, au micro-ondes ou à la vapeur.
- Utilisez des poêles antiadhésives.
- Substitut de sucre au besoin (ex.: Equal, Sugar Twin).

À RETENIR :

Ne jamais boire le lait dans vos céréales, il contient trop de sucre.

PÂTES ET NOUILLES
(hydrates de carbone, glucides)

- Macaroni
- Spaghetti, etc.
- Pâtes aux légumes
- Nouilles japonaises (à volonté)
- Nouilles chinoises (nouilles de riz, à volonté)
- Pâte au blé entier*

* Les pâtes au blé entier, selon moi et plusieurs de mes clients, sont difficiles à digérer. Faites attention.

Les nouilles chinoises et japonaises peuvent être consommées tous les jours, à volonté.

N.B.: Ne pas consommer de pain et de pâtes le même jour. La quantité de pâtes est sans limite, mais n'en consommer qu'une fois par jour.

RIZ
(hydrates de carbone, glucides)

- Riz blanc et brun (à volonté)

- Riz basmati (à volonté)
- Riz en sachet prêt à servir*
- Couscous (à volonté)

* Pour le riz en sachet prêt à servir (ex.: Bistro Express d'Uncle Ben's), consultez la valeur nutritive qu'on retrouve sur le contenant.
- Lipide: 1 g par portion, maximum
- Sucre: 2 g par portion, maximum
- Par portion de 125 g, 250 g par repas, maximum.

LÉGUMINEUSES
(hydrates de carbone, glucides)
- Pois chiches
- Fèves rouges, blanches, noires
- Lentilles
- Etc.

PRODUITS CÉRÉALIERS
FIBRES

Les fibres alimentaires ne sont pas assimilables par les enzymes digestifs de l'organisme humain pour une simple raison: les liaisons des unités de sucre en font un aliment difficile à digérer et qui contient très peu d'énergie. On peut donc en manger, mais pas de façon excessive, puisqu'on priverait ainsi l'organisme d'hydrates qui, eux, sont très importants pour créer la chaleur.

Les fibres alimentaires sont présentes dans les produits céréaliers à grains entiers, les légumes et les fruits. Deux sortes de fibres alimentaires s'offrent à vous.
- Les fibres solubles:
  - aident à réduire le mauvais cholestérol sanguin;
  - aident à contrôler le taux de sucre.

On les retrouve dans les fruits et les légumes.
- Les fibres insolubles:

- aident à la régularité intestinale;
- aident à contrôler l'appétit en augmentant la satiété.

On les retrouve dans les produits à grains entiers, les fruits et les légumes.

CÉRÉALES
(hydrates de carbone, glucides)
- céréales* (2 bols maximum par jour)
- gruau nature (à volonté)
- riz soufflé (à volonté)
- crème de blé (à volonté)

* Quel que soit votre choix, il doit y avoir moins de 2 g de sucre et moins de 1 g de gras (matières grasses) par portion.

PAIN
(hydrates de carbone, glucides)
- *** Préférez le pain brun à tout autre parce qu'il contient de la farine enrichie et il est beaucoup plus nutritif.**
- pain brun (2 tranches par jour seulement)
    Portion : 50 g (2 tranches)
    Sucre : moins de 2 g par portion
    Gras : moins de 1,5 g par portion
- muffin anglais (1 par jour maximum)
    Portion : 70 g
- pain hamburger (1 par jour maximum)
    Portion : 50 g
- pain pita (1 gros par jour maximum)
    Portion : 120 g

PRODUITS LAITIERS
LAIT ET YOGOURT
(hydrates de carbone, glucides, protéines)
Choisir le lait et les yogourts écrémés, sans sucre ajouté.

- lait écrémé (à n'utiliser que pour les céréales. Il ne faut pas boire le lait de vos céréales, car il contient trop de sucre. Aucun verre de lait* ne peut être consommé pendant la diète.

* Il y a de 11 à 13 g de sucre par tasse de lait; voilà pourquoi on ne peut consommer de lait quand on tente de perdre du poids.

- yogourt 0 mg, sans sucre ajouté, saveur au choix. Il faut se restreindre à 125 ml ou 1/2 tasse de yogourt par jour.

(Attention: la portion compte pour un fruit)

FROMAGE (protéines)
- fromage fait avec du lait écrémé, 4% de matières grasses (ALLÉGRO) à **volonté avant 18h; après 18h, vous avez droit à un maximum de 60 g**
- fromage cottage 1% m.g. (6 g d'hydrate pour 250 ml)
- fromage en tranche sans gras, sans sucre (2 g d'hydrate par tranche)
- fromage Allégro 4% m.g. (1 g d'hydrate par portion de 30 g)

VIANDES ET SUBSTITUTS (protéines)
• BŒUF*
- poitrine de bœuf
- bœuf haché extramaigre
- steak de surlonge
- intérieur de ronde
- foie de bœuf

* Restreignez votre consommation de bœuf haché extramaigre à trois fois par semaine. Les

autres pièces de viande mentionnées peuvent être utilisées à volonté.

• VEAU*
- longe maigre
- côte maigre
- foie de veau
- veau haché

* À volonté

• PORC
- jambon extra maigre (*old fashion*), en tranches
- côtelette maigre (ne pas oublier d'enlever le gras avant la cuisson)
- filet de porc maigre
- jambon entier bouilli

• CHEVALINE*
- steak
- steak haché
- saucisse

* À volonté

VOLAILLE*
- poitrine de poulet
- poitrine de dinde

* Toujours enlever la peau avant la cuisson (haut de cuisse et cuisse peuvent être consommés une fois par semaine).

POISSON*
- thon (boîte de soncerve, dans l'eau seulement)
- turbot
- filet de sole
- tilapia

* Poisson blanc de préférence. Éviter le saumon et la truite.

Pas de caldul!

FRUITS DE MER
- crevettes
- homard
- pattes de crabe
- pétoncles

FRUITS ET LÉGUMES
LÉGUMES À VOLONTÉ

Artichauts, asperges, aubergines, haricots verts ou jaunes, brocoli, choux de Bruxelles, choux, choux chinois, choux verts frisés, choux-fleurs, céleri, cœurs de palmier, concombres, courges, courges spaghetti, échalotes, endives, épinards, laitues (toutes sortes), luzerne, navets, oignons, panais, carottes, pommes de terre, petits pois verts, pois mange-tout et légumineuses.

LÉGUMES RATIONNÉS (doivent être consommés avec modération avant 18 h ou selon votre horaire de travail)
- champignons
- carottes
- oignons
- poivrons doux (verts, rouges ou jaunes)
- tomates

N.B. : Ne pas consommer pâtes et pommes de terre le même jour.

Attention : La quantité de pommes de terre est sans limite ; mais n'en consommer qu'une fois par jour.

FRUITS FRAIS
(hydrates de carbone, fructose, glucides)
- pommes, poires, pêches, oranges, nectarines, pamplemousses, pomelos, kiwis
- 1/2 banane
- cerises, 1 tasse (15 à 20 environ)
- raisins verts, rouges, bleus, 1 tasse (15 à 20 environ)
- framboises, fraises, bleuets, mûres, 1 tasse

(250 ml)
- melon d'eau, ananas, cantaloup, 1 tasse
(250 ml)
- mangues, 3 par semaine, maximum

CHARCUTERIES* ET CONDIMENTS

CHARCUTERIES (contiennent un peu d'hydrates de carbone, glucides, protéines)

Seulement pour les sandwiches.
- pastrami
- jambon *(old fashion* extramaigre*)*
- rosbif
- dinde
- poulet

* Autant de charcuterie que vous le souhaitez, une fois par jour. Ces viandes peuvent être consommées ensemble ou séparément.

BOISSONS ALCOOLISÉES*

- 50 ml de boisson alcoolisée **(peut être diluée dans une liqueur diète ou un jus sans sucre Crystal Light)**
(gin, rhum, vodka, whisky, etc.)
- 1 bière « légère » 12 oz (375 ml)
- 1 verre de vin de 150 ml ou 5 oz

* Limitez la consommation de boissons alcoolisées à trois portions par semaine.

CONDIMENTS ET SAUCES

(très peu d'hydrates de carbone, glucides, à consommer avant ou après 18 h)
- moutarde
- moutarde de Dijon
- sauce soya
- mayonnaise « ultra légère »
- sauce « hot chicken »
- sauce barbecue
- herbes fraîches
- Épices

- Vinaigre
- Vinaigre balsamique
- Bovril

N.B.: Becel a créé un vaporisateur au beurre pour la garniture et la cuisson. Ce produit ne contient aucun gras et aucun sucre. C'est un choix judicieux pour rehausser le goût des pommes de terre, des pâtes et des légumes ou de n'importe quel autre aliment. Personnellement, j'adore ce vaporisateur quand je mange du pain. Si je me prépare un œuf avec fromage et tomates, c'est très agréable d'avoir un goût de beurre sur son pain, surtout quand on sait qu'on n'augmente pas les lipides.

Même en très petite quantité, il faut utiliser certains condiments avec modération après 18h. Par exemple, 1 cuillère à table (15 ml) de vinaigrette sans gras, contient 0,2 m.g. et 1 g de sucre.

Attention: il ne faut pas absorber plus de 6 g de glucides ou sucre provenant de ces condiments après 18h.

ATTENTION: Ketchup pour hamburger seulement, maximum 2 cuillères à soupe (30 ml) par jour.

EAU ET AUTRES BOISSONS*

- eau
- jus Crystal Light
- boissons gazeuses diète, sans sucre
- thé
- café

* Tous les choix sont à volonté. Notez que le café et le thé doivent être bus sans crème. On peut cependant y ajouter du lait écrémé ou à 1%, mais le produit ne doit pas contenir plus de 2% de gras. On peut utiliser du sucre ou des substituts de sucre comme Sugar Twin[MD], Equal[MD], etc.

CHAPITRE 5

Programme nutritionnel

Programme nutritionnel

LES MENUS

Toutes les recettes qui vous sont suggérées peuvent être modifiées. Soyez inventif, d'autant plus que le marché vous offre plusieurs aliments faibles en gras et en sucre. Prenez le temps de lire les étiquettes concernant les ingrédients et la valeur nutritive, et apportez des changements aux suggestions selon votre style de vie.

MENU 1
DÉJEUNERS AVEC HYDRATES

1A
Céréales (page 75)

1B
Toasts, confiture et fromage (page 76)

1C
Muffin anglais et un œuf poché au jambon et au fromage (page 76)

1D
Sandwich au fromage grillé (page 77)

1E
Toasts, creton (page 77)

1F
Muffin subito presto (page 78)

1G
Crêpe farcies aux fruits (page 78)

MENU 2
DÉJEUNERS FAIBLES EN HYDRATES ET EN SUCRE

2 A
Omelette au jambon (page 79)

2 B
Saucisses (page 80)

Témoignage
«Malgré mes deux grossesses, le Concept Ferreira m'a permis de perdre 100 lb (45,4 kg) en 7 mois. Chaque fois que je rencontrais Stéphane, il me disait que je ne mangeais pas suffisamment. Il me disait d'augmenter ma consommation de pommes de terre, que c'était bon pour la santé. C'est difficile d'accepter de manger plus de féculents. Sa technique est rapide et on ne souffre jamais de la faim.»
Cecilia C., 34 ans

MENU 3
REPAS AVEC HYDRATES ET FAIBLES EN GRAS

3A

Riz à la viande (page 81)

3B

Steak de bœuf ou poitrine de poulet désossée
avec pommes de terre au four (page 82)

3C

Soupe au poulet ou autre (page 83)

3D

Sandwich au thon, au poulet, à la dinde
ou au jambon maigre (page 84)

3E

Pâtes avec sauce à spaghetti (page 85)

3F

Riz aux ananas et au poulet (page 86)

3G

Rouleau à la viande (page 87)

3H

Hamburger (page 88)

3I

Ragoût aux boulettes de viande (page 89)

3J

Pain de viande (page 89)

3K

Bouilli de bœuf (page 90)

3L

Brochettes de poulet (page 91)

3M

Pita à la dinde ou au poulet (page 92)

3N

Poisson (page 92)

3O

Foie de veau ou de bœuf (page 93)

3P

Soupe à l'oignon gratinée (page 94)

3Q

Soupe-repas au poulet (page 95)

3R

Pizza rapido (page 96)

3S

Poulet à la chinoise (page 96)

3T

Pépites de poulet délicieuses (page 97)

3U

Macaroni au poulet (page 98)

3V

Salade de haricots poivrés (page 98)

3W

Poutine FERREIRA (page 99)

MENU 4
REPAS FAIBLES EN HYDRATES ET FAIBLES EN GRAS

4 A

Poitrine de poulet et légumes verts (page 100)

4 B

Jambon sauté à la poêle (page 101)

4 C

Filet de poisson et légumes verts (page 101)

4 D

Salade santé (page 102)

4 E

Piments farcis (page 103)

4 F

Steak de bœuf (page 104)

4 G

Fricassée à la viande et aux légumes (page 104)

4 H

Crevettes à l'orientale (page 105)

4 I

Salade thaïe au bœuf ou au poulet (page 106)

4 J

Courge spaghetti en casserole (page 107)

4 K

Légumes chinois et poulet (page 108)

MENU 5
COLLATIONS AVEC HYDRATES

5A
Galette de riz (page 109)

5B
Chips (page 109)

5C
Yogourt (page 109)

5D
Fruits (page 110)

5E
Cocktail de légumes (page 110)

5F
Biscottes (page 110)

Programme
nutritionnel
LES MENUS

72

Les petites gâteries sont des desserts qui peuvent accompagner soit un dîner ou un souper, à condition de les manger le jour avant 19 h, le soir avant 21 h et la nuit avant 5 h.

Par contre, si vous voulez vous gâter, il va falloir compenser en évitant de consommer du pain et des fruits cette journée-là.

6A

Confiture de fraises (page 111)

6B

Yogourt glacé (page 111)

6C

Mousse (page 111)

6D

Pouding au chocolat ou au caramel (sans sucre) (page 112)

6E

Dessert glacé aux fruits (page 112)

Programme nutritionnel

ATTENTION : Certaines recettes contiennent des indications de quantités et d'autres non. Nous avons pris cette mesure afin d'éviter tout débordement sur le plan des graisses et des sucres, et donc de garantir la réussite de votre recette!

Les aliments dont la quantité n'est pas indiquée peuvent être consommés selon vos besoins.

LES REPAS

MENU 1
DÉJEUNERS AVEC HYDRATES

1A
CÉRÉALES

Riz soufflé

Cherrios nature

Gruau nature

Shreddies

Weetabix

Fibre 1, l'original

Crème de blé

1 tasse (250 ml) de lait écrémé

Et tout autres céréales qui contiennent moins de 2 g de sucre et moins de 1 g de matières grasses par portion.

1B

TOASTS, CONFITURE ET FROMAGE

2 toasts de pain brun, sans sucre et sans gras

1 c. à soupe (15 ml) de confiture, sans sucre

2 tranches de fromage, sans gras

Vous pouvez utiliser :
- le pain brun BON MATIN, sans sucre et sans gras
- la confiture E.D. Smith, 50% de moins de sucre (étiquette valeur nutritive : gras 0 g, hydrates de carbone 5 g, sucre 3 g par cuillère à soupe) 1 fois par semaine seulement.
- fromage sans gras, en tranches

1C

MUFFIN ANGLAIS ET ŒUF POCHÉ* AU JAMBON ET AU FROMAGE

1 muffin anglais blanc ou de blé entier

1 œuf entier

Jambon

Fromage Allégro 4% m.g. ou fromage en tranches « léger », sans gras

Faire bouillir de l'eau dans un chaudron et y incorporer votre œuf pour quelques minutes. Une fois votre œuf cuit à votre goût, l'égoutter et le déposer sur votre muffin anglais rôti avec le jambon et le fromage. Vous pouvez assaisonner à votre goût : épices, moutarde, etc.

*L'œuf peut être aussi préparé à la poêle avec du Pam.

1D

SANDWICH AU FROMAGE GRILLÉ

2 tranches de pain, sans sucre et sans gras

Fromage Allégro 4% m.g. ou fromage en tranches «ultra léger»

Vous pouvez utiliser :
• le pain BON MATIN de blé entier, sans gras et sans sucre.

1E

TOASTS, CRETON

2 toasts de pain brun, sans sucre et sans gras

2 c. à soupe (30 ml) de creton

CRETON

2 lb, (900 g) veau haché maigre

2 gousses d'ail hachées

1 oignon haché

Thym

1 c. à thé (5 ml) de clou de girofle moulu

Persil

1 c. à thé (5 ml) de ciboulette

Poivre

2 c. à thé (10 ml) de moutarde de Dijon

2 c. à thé (10 ml) de pâte de tomates

Eau

Dans un chaudron, mettre tous les ingrédients sauf la pâte de tomates et la moutarde de Dijon. Recouvrir d'eau, environ un pouce (2,5 cm) par-dessus la viande. Porter à ébullition et laisser mijoter jusqu'à ce que l'eau soit presque toute éva-porée. Retirer du feu, incorporer la pâte de tomates et la moutarde de Dijon, bien remuer. Réfrigérer.

1F

MUFFIN SUBITO PRESTO

1 tasse (250 ml) de All Bran

1 c. à thé (10 ml) de poudre à pâte

1/2 tasse (125 ml) de lait écrémé

2 blancs d'œufs

Mélanger tous les ingrédients. Faire cuire au four à micro-ondes pendant 3 minutes sans couvrir.

1G

CRÊPE FARCIE AUX FRUITS

Utiliser le mélange à crêpes Aunt Jemima original. N'ajouter que de l'eau

2 crêpes moyennes maximum

Faire cuire et disposer sur la crêpe des fraises ou d'autres petits fruits auxquels vous ajouterez du yogourt Silhouette à la vanille. Roulez le tout et dégustez.

2 A

OMELETTE AU JAMBON

2 ou 3 blancs d'œufs

1 œuf entier

Légumes

Jambon

Épinards congelés ou frais

Fromage Allégro

D'abord, faire sauter les légumes (champignons, oignons, épinards, etc.) et le jambon maigre, coupé en petits morceaux. Ensuite, vous ajoutez les œufs et assaisonnez au goût. Servir avec des tranches de tomate. Au besoin, vous pouvez faire fondre du fromage léger sans gras dessus. (Fromage Allégro 4 % m.g.). Les épinards ne sont pas obligatoires, vous pouvez les remplacer par un autre légume vert comme des asperges ou du brocoli, etc.

2B

SAUCISSES*

Trois saucisses de veau ou de poulet avec asperges ou tomates, fromage Allégro 4% m.g.

Faire revenir les saucisses après avoir enduit votre poêle de Pam. Vous pouvez les faire bouillir avant de les faire revenir. Servir avec des asperges ou du brocoli ou tout autres légumes verts. Vous pouvez faire gratiner avec du fromage Allégro 4% m.g., si vous le désirez.
*Ce choix doit être limité à une fois par semaine.

3A

RIZ À LA VIANDE

Bœuf extramaigre ou cheval ou veau ou poulet ou dinde

Riz blanc ou brun à grains longs

Oignons, céleri, champignons, etc.

Épices à votre goût

Sauce soya

Dans une casserole, cuire le riz dans de l'eau en suivant les directives pour le temps de cuisson. Dans un poêlon antiadhésif, vaporisé de Pam, cuire la viande. Réserver dans une assiette. Dans une autre casserole, vaporiser du Pam et faire cuire l'oignon et revenir les autres légumes. Ajouter le riz cuit en remuant, puis la viande, les épices et la sauce soya. Couvrir et laisser reposer 5 minutes. Servir accompagné d'une salade ou de légumes crus.

81

3B

STEAK DE BŒUF OU POITRINE DE POULET DÉSOSSÉE AVEC POMME DE TERRE AU FOUR

Steak de bœuf maigre ou de cheval ou poitrine de poulet désossée maigre

Pomme de terre au four ou bouillie

Enlever le gras autour de votre steak s'il y en a. Idéalement, faire cuire votre steak sur le grill ou dans un poêlon enduit de Pam. Servir avec des pommes de terre au four ou bouillies*, carottes ou brocoli ou autres légumes et salade, si désiré. Vous pouvez faire mariner votre steak dans de la moutarde de Dijon, de la sauce Worcestershire, de l'oignon et des épices à steak, quelques heures avant de le cuire. Pour le poulet, laisser mariner quelques heures dans de la vinaigrette italienne « légère » avant de le cuire; ça fait changement et c'est délicieux.

*Pour rehausser le goût des pommes de terre, utilisez le vaporisateur Becel OR *goût de beurre.*

3C

SOUPE AU POULET OU AUTRE

Une boîte de soupe au poulet en conserve

1/4 boîte de lentilles ou de pois chiches ou du riz blanc, cuit

Des oignons et du céleri

Poulet en morceaux

Attention! Quelle que soit la soupe choisie, il faut s'assurer qu'il n'y ait pas beaucoup de gras par portion. Moins de 2 g de gras par portion et moins de 1,5 g de sucre par portion. Ajoutez du céleri, des pois chiches ou du riz et des oignons. Si vous avez un reste de poulet, vous pouvez l'ajouter. Ce sera une soupe-repas au poulet... délicieuse.

SANDWICH AU THON, AU POULET, À LA DINDE OU AU JAMBON MAIGRE

Pain pita ou pain brun (pain sans gras, sans sucre BON MATIN)

Viande au choix

Moutarde

Laitue et tomates

Fromage Allégro ou fromage «léger» en tranches de Kraft

3E

PÂTES AVEC SAUCE À SPAGHETTI

1 pot de sauce (700 ml) 24 oz
1 tasse (250 ml) de tomates en dés ou de jus de tomate
Steak haché extramaigre de cheval, bœuf ou veau
Légumes à volonté
Épices

Le pot de sauce à spaghetti sans sucre, vous le trouverez chez MAXI ou LOBLAW. Il s'agit d'une bouteille en verre « Le choix du président », saveur ail rôti et épices. Ajouter 1 tasse (250 ml) de tomates en dés ou de jus de tomate, du steak haché extramaigre, des oignons, des champignons, du céleri, du poivron vert. Aucun pain. N'oubliez pas le fromage Allégro 4 % m.g. pour gratiner. Toujours plus de pâtes que de sauce.

3F

RIZ AUX ANANAS ET AU POULET

Poulet désossé

Oignons

1 tasse (250 ml) de morceaux d'ananas

Riz blanc ou brun, cuit

(Très faible en gras et contient un peu de fructose)

Faire cuire les morceaux de poulet désossé. Pendant la cuisson, assaisonner avec poivre, ail et épices à barbecue. À la moitié de la cuisson du poulet, on ajoute les oignons. Faire cuire jusqu'à texture désirée et à la fin, on ajoute les morceaux d'ananas. Faire mijoter à feu moyen et faire évaporer le surplus de liquide. Ajouter le riz, un peu de basilic, des échalotes coupées finement et 1 c. à thé (5 ml) d'huile. Attention: compte pour une portion de fruits.

ROULEAU À LA VIANDE

Poulet, dinde, jambon, steak haché extramaigre, rosbif ou pastrami

Oignons

Champignons

Poivrons verts

Poivrons rouges

Pain pita ou tortillas

Fromage Allégro

Peut être fait à partir du choix de viandes proposés ci-dessus. Faire sauter dans la poêle viande, oignons, champignons, poivrons verts ou rouges. Mettre le tout dans un pain pita ou une tortilla. Vous pouvez y ajouter de la moutarde et du fromage Allégro et rouler le tout.

HAMBURGER

Steak haché extramaigre de bœuf ou de cheval

Pain hamburger «Weight Watchers»

Salade et tomates

Fromage Allégro, en tranches, «léger», sans gras

Oignons

Cornichons, etc.

Pour faire différent, vous pouvez mettre une enveloppe de soupe à l'oignon dans votre viande avant de façonner votre steak. Faire cuire dans une poêle enduite de Pam, mettre le fromage sur votre steak et garnir comme vous le désirez, mais attention au ketchup: 2 c. à soupe (30 ml) par jour seulement.

Portion de pain: 1 seul pain, mais vous pouvez mettre 2 boulettes.

Programme nutritionnel LES REPAS

3I

RAGOÛT AUX BOULETTES DE VIANDE

1 bte de 284 ml de bouillon de bœuf «léger»

2 c. table (30 ml) de Bovril

Steak haché extramaigre de bœuf ou de veau

Patates

Oignons, 1/4 tasse (60 ml) de carottes, céleri et chou

Faire mijoter un bouillon de bœuf à feu doux. Assaisonner le bouillon avec du persil, du basilic, du poivre, de l'ail et 2 c. à thé (10 ml) de Bovril. Puis ajouter de petites boulettes de steak haché extramaigre. Laisser cuire durant 20 minutes. Par la suite, rajouter des patates en cubes, des oignons, des carottes, du céleri. Laisser mijoter encore 15 minutes. Ajouter du chou et continuer la cuisson encore 15 minutes. Servir avec des pois verts.

3J

PAIN DE VIANDE

Bœuf haché extramaigre

Oignons hachés

Céleri haché

Poivrons verts émincés

Épices à steak

Sel et poivre

Bouillon de bœuf sans gras

Dans un bol, bien mélanger tous les ingrédients sauf le bouillon de bœuf. Déposer le pain de viande dans un moule à pain recouvert d'un enduit végétal. Verser le bouillon de bœuf sur le pain de viande. Cuire au four à 350 °F (175 °C) environ 1 heure.

Vous pouvez servir avec du riz ou des patates rondes et des légumes verts ou une salade.

3K

BOUILLI DE BŒUF

Rôti de bœuf maigre

Oignon émincé

Bouillon de bœuf sans gras

Sel et poivre

Petit chou, coupé en morceaux

Petit navet, coupé en morceaux

1/2 tasse (125 ml) de carottes, coupées en rondelles

Patates, coupées en morceaux

Dans une poêle recouverte d'un enduit végétal, faire revenir le rôti de bœuf jusqu'à ce qu'il soit bien doré. Déposer le rôti dans une cocotte ou un grand plat allant au four; ajouter l'oignon et le bouillon de bœuf. Saler et poivrer. Couvrir. Cuire au four à 350 °F (175 °C) environ 90 minutes. Ajouter le chou, le navet, les patates et les carottes et poursuivre la cuisson 1 heure de plus.

BROCHETTES DE POULET

Succédané de sucre

Sauce soya

Poudre d'ail

Cubes de poulet maigre

Poivron, coupé en morceaux

Champignons, coupés en morceaux

Oignons, coupés en morceaux

Dans un contenant hermétique, mélanger le succédané de sucre, la sauce soya, les oignons et la poudre d'ail. Ajouter les cubes de poulet et laisser mariner au réfrigérateur environ 5 heures. Enfiler sur des broches les cubes de poulet marinés en alternant avec les morceaux de légumes. Déposer les brochettes côte à côte dans un plat allant au four et cuire à 350 °C (175 °C) environ 45 minutes. Servir avec du riz blanc et une salade et des légumes verts.

PITA À LA DINDE OU AU POULET

Dinde hachée cuite ou poulet haché cuit

Poudre d'oignon

Mayonnaise faible en matières grasses ou moutarde

Sel et poivre

Laitue déchiquetée

Pain pita

Dans un bol, mélanger la dinde ou le poulet, la poudre d'oignon et la mayonnaise. Saler et poivrer. Ajouter la laitue, mélanger délicatement. Ouvrir le pain pita pour former une poche et déposer la salade de dinde ou de poulet à l'intérieur.

3N

POISSON

Champignons tranchés

Céleri haché

Oignons verts, émincés

Filets de poisson

Sel et poivre

Bouillon de poulet, sans gras

Paprika

Dans un plat allant au four enduit de Pam, déposer les légumes. Ajouter les filets de poisson sur le lit de légumes, saler et poivrer. Arroser de bouillon de poulet et saupoudrer de paprika. Cuir au four à 450 °F (230 °C) environ 20 minutes. Servir avec du riz blanc ou des patates rondes et des légumes verts.

FOIE DE VEAU OU DE BOEUF

Foie de veau (ou de bœuf) frais

Oignon coupé en dés

Eau, environ 1/2 tasse (125 ml)

Sauce chili au goût, environ 1/4 de tasse (60 ml)

Dans une poêle enduite de Pam, faire revenir l'oignon et le foie. Incorporer l'eau et la sauce chili. Porter à ébullition et laisser mijoter environ 5 minutes. Servir avec des patates, du riz ou des pâtes et des légumes verts.

SOUPE À L'OIGNON GRATINÉE

2 oignons hachés

1 bte de 284 ml de bouillon de bœuf, sans gras

1 c. à table (15 ml) de sauce Worcestershire

Sel et poivre

2 tranches de pain de grains entiers, grillées et coupées en morceaux

Fromage Allégro 4 % m.g.

Dans une casserole recouverte d'un enduit végétal, faire revenir l'oignon. Ajouter le bouillon de bœuf et laisser mijoter environ 10 minutes. Verser ensuite le bouillon dans deux bols à soupe allant au four. Ajouter le pain et couvrir de fromage. Cuire au four à « gril » jusqu'à ce que le fromage soit légèrement doré. Donne 2 portions.

3Q

SOUPE-REPAS AU POULET

Oignon haché finement

Eau, environ 3 tasses (750 ml)

Bouillon de poulet, sans gras

Poireau, coupé en rondelles

Poulet cuit, coupé en morceaux

Sel et poivre

Persil

1/2 tasse (125 ml) de riz blanc cuit ou nouilles de riz

Dans une casserole enduite de Pam, attendrir l'oignon. Ajouter l'eau, le bouillon de poulet et le poireau. Couvrir et laisser mijoter jusqu'à ce que le poireau soit tendre. Ajouter ensuite le poulet et les nouilles de riz ou le riz. Saler et poivrer, garnir de persil ou de coriandre fraîche au moment de servir.

PIZZA RAPIDO

2 tranches de pain de grains entiers, sans gras, sans sucre, BON MATIN ou 1 gros pain pita

Sauce à spaghetti «Choix du président» à l'ail rôti et aux épices

Poivron vert, rouge ou jaune

Oignons et champignons tranchés

5 ou 6 olives vertes maximum

Fromage Allégro 4% m.g.

Pastrami, viande fumée ou rosbif

Étendre 1 c. à soupe (15 ml) de sauce sur chaque tranche de pain ou 2 c. à soupe (30 ml) sur le pain pita. Ajouter les légumes, les olives et la viande. Gratiner et cuire au four à 350 °F (175 °C), environ 12 minutes ou jusqu'à ce que le fromage soit légèrement doré.

Programme nutritionnel LES REPAS

96

3S

POULET À LA CHINOISE

1/3 de tasse (80 ml) de jus de citron

2 c. à soupe (30 ml) de sauce soya

2 c. à soupe (30 ml) de moutarde de Dijon

1 c. à thé (5 ml) d'huile d'olive

2 poitrines de poulet désossées sans la peau

Dans un bol moyen, mettre le jus de citron, la sauce soya, la moutarde, l'huile et le poulet et remuer. Couvrir et réfrigérer au moins 1 heure en remuant de temps en temps. Allumer le four à gril. Enduire la lèchefrite de Pam. Cuire 7 minutes et badigeonner la viande avec de la sauce. Tourner le poulet et prolonger la cuisson de 7 minutes en arrosant encore une fois la viande à la mi-cuisson. Servir avec du riz blanc ou des pâtes et une salade verte.

3T

PÉPITES DE POULET DÉLICIEUSES

Poitrines de poulet désossées et dégraissées, environ 16 onces (0454 kg)

1 blanc d'œuf

Biscuits BRETON «légers», émiettés (environ 10)

Basilic

Origan

Thym

Épices à poulet

Couper 16 onces (454 g) de poulet en cubes. Passer dans un blanc d'œuf. Émietter les biscuits BRETON et les mélanger avec le basilic, l'origan, le thym et les épices à poulet. Bien enrober les morceaux de poulet avec ce mélange. Cuire au four à 350 °F (175 °C) pendant environ 30 minutes. Vous pouvez aussi utiliser de la dinde hachée. Servir avec du riz et des légumes verts.

3U

MACARONI AU POULET

Oignons

1/2 tasse (125 ml) de carottes

Céleri

Brocoli

1/2 tasse (125 ml) de champignons

Macaroni cuit

Poulet cuit, en cubes

Sauce soya

Sel et poivre

Faire revenir les légumes dans une poêle enduite de Pam. Lorsqu'ils sont cuits, ajouter le macaroni cuit et le poulet. Assaisonner de sauce soya.

3V

SALADE DE HARICOTS POIVRÉS

1 tasse (250 ml) de haricots de Lima

1 tasse (250 ml) de haricots rouges

1 tasse (250 ml) de pois chiches

1 tasse (250 ml) de haricots noirs

Céleri

Poivron rouge

Oignon rouge

Vinaigrette crémeuse «ranch» aux grains de poivre, sans matières grasses

Poivre noir

Mélanger tous les ingrédients dans un grand bol. Couvrir le bol et réfrigérer la salade au moins une heure afin que les saveurs se marient.

3W

POUTINE FERREIRA

Frites, coupe julienne (marque «sans nom» de Loblaw ou
«Sélection Mérite» de Métro), 40 frites au maximum

Épices de votre choix

Sauce à poutine St-Hubert, en sachet
OU sauce *hot chicken*

Fromage Allégro 4% m.g.

Suivre les instructions de préparation sur le
contenant. Ces frites ne contiennent qu'environ
3 g de gras par portion en moyenne et 0 g de
sucre.

Attention: Limitez-vous à trois portions par
semaine (une portion par jour seulement). Pas de
patates et de pâtes le même jour.

MENU 4
REPAS FAIBLES EN HYDRATES ET FAIBLES EN GRAS

N.B.: Vous pouvez répéter les menus 4 après 18 h ou selon votre horaire, autant de fois que vous le désirez. Mais quel que soit votre choix, enlevez les tomates, carottes et les condiments avec sucre.

4 A

POITRINE DE POULET ET LÉGUMES VERTS

Poitrine de poulet, sans la peau

Légumes verts, au choix

On peut ajouter une sauce à cette recette. « Les Veloutés » de Cordon bleu conviennent très bien puisque, pour 2 oz (50 ml), il y a seulement 1 g de gras (lipides) et aucun sucre.

JAMBON SAUTÉ À LA POÊLE

Jambon maigre

Oignon

1/4 tasse (60 ml) de champignons

Légumes verts, au choix

1/4 tasse (60 ml) de tomates

Faire sauter dans une poêle enduite de PAM le jambon, l'oignon et les champignons. Servir avec des légumes verts et des tomates.

FILET DE POISSON ET LÉGUMES VERTS

Filet de poisson blanc au choix, sole, turbo, tilapia, steak de thon

Légumes verts, au choix

1/4 tasse (60 ml) de tomates

Citron

Ciboulette

Fromage Allégro 4 % m.g.

Faire cuire le poisson à la poêle enduite de Pam ou en papillote au four. Pour éviter que le poisson ne colle à la poêle, saupoudrez-le de farine, ce qui créera une fine panure.

4D

SALADE SANTÉ

Salade de votre choix

Thon ou poulet ou jambon

1/4 tasse (60 ml) de tomates

Épinards, brocoli, concombre, poivron vert,
champignons, au choix 1/4 tasse (60 ml)

1 c. à soupe (15 ml) de vinaigrette « légère »

Fromage Allégro 4 % m.g.

Faire votre salade avec les légumes verts de votre
choix en y ajoutant des tomates et du thon ou du
poulet ou du jambon. Servir avec une portion de
fromage Allégro 4 % m.g.

PIMENTS FARCIS

Bœuf haché extramaigre ou steak haché de cheval

1/4 tasse (60 ml) de poivron vert

Oignon

1/4 tasse (60 ml) de champignons

Sauce soya ou jus de tomate

Fromage Allégro 4% m.g. ou fromage en tranches, sans gras

Cuire du steak haché extramaigre avec de l'oignon et des champignons dans une poêle enduite de PAM. Rajouter un peu de sauce soya « légère » ou du jus de tomate. Ensuite, remplir le poivron de cette farce. Rajouter du fromage Allégro généreusement. Mettre au four pendant 15 minutes à 350 °F (175 °C).

4F

STEAK DE BŒUF

Steak de bœuf maigre ou de cheval

Légumes verts, au choix

Fromage Allégro 4% m.g.

Sauce aux poivres «Les Veloutés» de Cordon bleu,
avec 0 matière grasse et 0 gramme de sucre

Faire griller le steak dans une poêle enduite de
PAM. Servir avec des légumes verts de votre choix
que vous pouvez gratiner avec le fromage Allégro
4% m.g. et de la sauce aux poivres.

4G

FRICASSÉE À LA VIANDE ET AUX LÉGUMES

Steak en cubes ou haché

Oignons

Céleri

1/4 tasse (60 ml) de champignons

Brocoli

2 tasses (500 ml) maximum, de jus de tomate

Bouillon de bœuf léger ou bouillon de poulet léger

Faire cuire la viande dans une poêle enduite de
PAM. Une fois la cuisson désirée obtenue, ajouter
du jus de tomate pour faire un genre de soupe
épaisse. On peut remplacer le jus de tomate par
du bouillon de bœuf ou de poulet.

4H

CREVETTES À L'ORIENTALE

Crevettes

Légumes à l'orientale de Artic Garden

Oignons

Ail

Sauce soya

Faire sauter les crevettes dans une poêle enduite
de PAM avec les oignons, l'ail et les légumes.
Ajouter la sauce soya. Servir.

41

SALADE THAÏE AU BŒUF
OU AU POULET

Steak de flanc maigre

1/4 c. à thé (1 ml) de sel

Carottes râpées, 1/2 tasse (125 ml) environ

Sauce soya

3 c. à soupe (45 ml) d'eau, environ

3 c. à soupe (45 ml) de jus de lime, environ

1 c. à soupe (15 ml) de gingembre frais, pelé et haché
ou au goût (facultatif)

Laitue romaine, déchiquetée

Concombre, finement tranché

1/4 tasse (60 ml) de poivron rouge, finement tranché

Menthe fraîche, hachée

Oignon rouge, finement tranché

Faire sauter le steak dans une poêle enduite de
PAM après en avoir tranché les fibres en diago-
nale. Déposer les carottes, la sauce soya, l'eau, le
jus de lime, le gingembre et le poivron dans un
mélangeur et en faire une vinaigrette. Dans un
gros bol, mélanger le steak, la laitue, le concombre, le poivron, la menthe, l'oignon et la vinaigrette, bien mélanger. Excellent!

COURGE SPAGHETTI EN CASSEROLE

Courge spaghetti

2 oignons verts

2 gousses d'ail

1/2 tasse (125 ml) de bouillon de poulet maigre

1/2 c. à thé (2 ml) de marjolaine séchée

1/2 c. à thé (2 ml) de zeste de citron

Sel

Asperges

Jus de citron fraîchement pressé

Chauffer le four à 350 °F (175 °C) . Couper la courge
en deux sur la longueur. Retirer les graines et bien
nettoyer l'intérieur. Déposer les deux moitiés, le
côté coupé vers le bas, dans un plat avec 1 pouce
(2,5 cm) d'eau. Couvrir avec du papier aluminium.
Faire cuire la courge environ 45 minutes ou jusqu'à
ce qu'elle soit tendre. À l'aide d'une fourchette,
vider l'intérieur de la courge dans un bol. Faire
cuire ensuite dans une grande poêle enduite de
PAM tous les autres légumes jusqu'à ce qu'ils
dégagent une bonne odeur, environ 1 minute.
Ajouter le bouillon de poulet, la marjolaine, le
zeste de citron et le sel, amener le tout à ébullition.
Ajouter les asperges et les pois, réduire le feu et
laisser mijoter à couvert 2 minutes environ.
Ajouter la courge et le jus de citron, remuer de
temps à autre, environ 3 minutes ou
jusqu'à ce que le tout soit
chaud.

4 K

LÉGUMES CHINOIS ET POULET

Poulet maigre sans peau

Bouillon de poulet léger

1 c. à soupe (15 ml) de sauce soya

2 gousses d'ail

1 c. à thé (5 ml) de gingembre frais, haché et pelé

Chou chinois

1/4 de tasse (60 ml) de poivron rouge

Pois mange-tout

1/4 de tasse (60 ml) de carottes

Dans un bol, mélanger le bouillon, la sauce soya, l'ail et le gingembre. Faire chauffer une grande poêle enduite de Pam. Y déposer ensuite le chou chinois, le poivron et faire sauter les légumes environ 3 minutes. Ajouter le mélange de bouillon, les pois mange-tout et les carottes. Faire cuire environ 3 minutes en remuant de temps à autre jusqu'à ce qu'ils soient croquants. Servir avec du poulet grillé.

MENU 5
COLLATIONS AVEC HYDRATES

5A

GALETTES
DE RIZ

3 à 5 galettes de riz saveur nature, beurre ou cheddar

Fromage Allégro 4 % m.g.

5B

CHIPS

2 tasses (500 ml) de chips Lay's nature, cuites au four

ou

2 tasses (500 ml) de chips de riz «Le choix du président».

ou

2 tasses (500 ml) de Crispy «Quaker»

5C

YOGOURT

Yogourt sans sucre, 0 % m.g.

5D

FRUITS

Voir la liste pour faire votre choix (p. 61)

Fromage Allégro 4% m.g.

5E

COCKTAIL DE LÉGUMES

1 cocktail de légumes

Fromage Allégro, 4% m.g.

6 olives farcies aux piments

Céleri

5F

BISCOTTES

Biscottes de moins de 1 g de gras et de moins de
2 g de sucre par portion (voir liste des ingrédients)

6 olives, maximum

Fromage Allégro, 4% m.g.

Jambon

N.B.: Vous pouvez ajouter un fruit à vos collations.

6A

CONFITURE DE FRAISES

3 tasses (750 ml) de fraises décongelées

1 sachet de Jello léger, à saveur de fraises

Mettre les ingrédients dans un mélangeur.
Ensuite, cuire 5 minutes au micro-ondes.
Réfrigérer.

6B

YOGOURT GLACÉ

1/2 tasse (125 ml) de yogourt nature sans sucre

1/2 tasse (125 ml) de fruits congelés au choix

1/2 paquet de Jello (à demi figé)

2 sachets de succédané de sucre

Vanille au goût

Déposer tous les ingrédients dans
un mélangeur jusqu'à obtenir une
consistance lisse et congeler le tout
dans un bol de plastique.

6C

MOUSSE

1 sachet de Jello léger à la saveur de votre choix

1 tasse (250 ml) d'eau bouillante

1 tasse (250 ml) de yogourt nature 0,1 % m.g.

Dans un bol, dissoudre le jello avec l'eau
bouillante, y incorporer le yogourt et
bien mélanger. Réfrigérer.

6D

POUDING AU CHOCOLAT OU AU CARAMEL

1 bte de pouding Jello au chocolat
ou au caramel (sans sucre)

Crème fouettée « Cold Whip légère »

Suivre les indications de préparation pour le pouding. Avant de servir, vous pouvez ajouter de la crème fouettée « Cold Whip légère ».

6E

DESSERT GLACÉ AUX FRUITS

Crème glacée Nestlé, sans sucre ajouté,
vanille seulement

Ajouter 1/2 tasse (125 ml) de fraises, de bleuets
ou de framboises

**Programme
nutritionnel
LES REPAS**

ATTENTION : NE JAMAIS MANGER DE DESSERT APRÈS 19 HEURES !

Quoi faire au restaurant ?

Choisissez un restaurant qui peut vous fournir un bon repas sans nuire à votre régime.

Voici quelques exemples de choix de repas et de restaurants.

Restaurant St-Hubert

- Poitrine de poulet ou brochette de poulet avec salade sans vinaigrette, légumes verts à la vapeur et riz à la vapeur ou pomme de terre au four sans beurre.
- Liqueur diète, à volonté.

Subway

- Choix de viande (poulet, steak, dinde, jambon).
- Pain entier 6 pouces (15 cm), maximum.
- Quand je vais chez Subway, je prends toujours double portion de steak. Le pain est limité, mais pas la viande.
- Salade, tomate, oignon, piment fort, concombre, moutarde.
- Seule la moutarde est permise en guise de condiment.
- Aucun fromage ni olive noire.
- Liqueur diète.

Vieux Duluth, Casa Grecque, Scores, etc.

- Poitrine de poulet ou steak, filet mignon, poissons cuits sur le gril, homard vapeur, crevettes vapeur.
- Du riz ou une pomme de terre au four, sans beurre.
- Des légumes verts à la vapeur, une salade sans vinaigrette.
- Liqueur diète.

Sushis

Tous les sushis à l'exception de ceux qui sont faits de saumon. Les sushis frits sont également à bannir.

Vietnamien

Tout, sauf les nouilles frites et le poisson frit pané.

POUR EN SAVOIR PLUS SUR LE FONCTIONNEMENT DE VOTRE ORGANISME ET, SURTOUT, SUR LA FAÇON DONT L'ORGANISME ACCUMULE ET DÉTRUIT LES GRAISSES

Le chapitre qui suit peut sembler ardu, mais j'estime qu'il vaut la peine d'être lu, si vous voulez bien comprendre comment, en suivant mon Concept, votre organisme réagira et éliminera le poids superflu.

De plus, si vous vous posez certaines questions au sujet, par exemple, du cholestérol, vous trouverez des réponses à vos interrogations.

Je vous invite donc à parcourir ce chapitre et à y revenir si jamais vous avez des doutes. Si vous êtes rendu à ce chapitre, c'est que votre intérêt est manifeste et je crois sincèrement que vous saurez tirer parti des informations que je vous livre.

CHAPITRE 6

Pourquoi les compléments
OU, SI VOUS PRÉFÉREZ, SUPPLÉMENTS ALIMENTAIRES

Pourquoi les compléments ou, si vous préférez, suppléments alimentaires

L a première étape vers un régime alimentaire équilibré est d'acquérir de bonnes habitudes d'achat. Plus vos aliments sont frais, meilleurs ils sont. Les étapes suivantes concernent leur conservation et leur préparation. Malheureusement, la majorité de nos aliments est produite de telle sorte que même un régime alimentaire équilibré peut être carencé en substances nutritives, d'où la nécessité de consommer des compléments.

Parce qu'il est impossible de savoir avec certitude si nous puisons tous les nutriments nécessaires dans notre alimentation, les compléments alimentaires compensent les carences éventuelles. Disponibles sous différentes formes, ils peuvent êtres pris régulièrement à faible dose, comme assurance-santé, ou pour traiter des problèmes mineurs.

MÉTABOLISME LENT ET RAPIDE

Quel que soit la condition physique, l'âge, le sexe, certaines personnes ont un métabolisme rapide qui fait en sorte que peu importe ce qu'elles mangent, elles conservent un poids santé. Mais pour d'autres personnes qui ont un métabolisme plus lent, la prise de poids est facile. Vous êtes sûrement de ceux-là.

La consommation d'énergie est beaucoup plus grande pour une personne aux prises avec un surplus de poids. Et les carences peuvent se manifester dès le début de votre régime. Je vais donc faire avec vous un survol des vitamines et minéraux et vous expliquer leurs fonctions dans l'organisme.

QUAND PRENDRE DES SUPPLÉMENTS OU COMPLÉMENTS?

Le meilleur moment pour absorber des compléments se situe généralement après les repas: leur digestion est facilitée lorsque l'estomac travaille. Certaines formules libèrent leurs principes actifs pendant plusieurs heures et lorsque le repas n'a pas été assez copieux, ils risquent de passer trop rapidement dans l'organisme sans avoir atteint leurs cibles. N'oubliez pas de lire attentivement le mode d'emploi. Les vitamines et les minéraux sont plus efficaces lorsqu'ils sont absorbés tout au long de la journée. Les vitamines solubles dans l'eau, surtout celles des groupes B et C, sont rapidement éliminées.

Commençons par ces fameuses vitamines.

LES VITAMINES
TREIZE VITAMINES ESSENTIELLES POUR L'ORGANISME HUMAIN ONT ÉTÉ RÉPERTORIÉES.

Il y a deux groupes distincts de vitamines: les solubles dans les graisses (liposolubles) et les solubles dans l'eau (hydrosolubles). Si vous consommez plus de vitamines liposolubles que votre organisme en demande, l'excédent sera stocké dans les graisses. Tandis que le surplus de vitamines hydrosolubles sera éliminé dans les urines.

Témoignage
«Je pratique la lutte familiale avec Jacques Rougeau et mon apparence physique est très importante pour moi. Ma mère et moi sommes allés voir Stéphane et, en seulement 3 semaines, j'ai perdu 18 livres (8,2 kg).»
Paul M., 18 ans

VITAMINE A
(Rétinol et bêtacarotène)

Le rétinol est la forme naturelle de la vitamine A; on le trouve principalement dans les produits d'origine animale. Le bêtacarotène, aussi appelé vitamine A (plante), est en réalité un caroténoïde transformé en vitamine A par le foie. Le bêtacarotène, présent dans les fruits et les légumes très colorés, serait moins nocif que le rétinol qui est soluble dans les graisses.

La vitamine A est une vitamine soluble dans les graisses. Sa forme naturelle est connue sous le nom de rétinol. Essentiellement présent dans les produits d'origine animale, le rétinol sera mieux métabolisé par l'organisme s'il est associé à de la graisse, de l'huile ou d'autres protéines au cours du même repas. La vitamine A emmagasinée dans l'organisme peut s'épuiser à la suite d'une infection, c'est pourquoi on peut augmenter les doses quand on a un rhume, une grippe ou d'autres infections virales ou bactériologiques.

- renforce le système immunitaire
- contribue à la prévention des cancers
- retarde l'effet du vieillissement
- est nécessaire pour une bonne vue, pour la synthèse des protéines ainsi qu'aux muqueuses et au développement des tissus

LES SYMPTÔMES DE CARENCE :
- mauvaise vue (cécité nocturne)
- ulcères buccaux, infections fréquentes, pellicules et acné

POSOLOGIE

Le rétinol peut être absorbé sous forme de gélules contenant de l'huile ou du liquide de foie de poisson.

VITAMINE B$_1$
(Thiamine)

Soluble dans l'eau, la vitamine B$_1$ ou thiamine n'est pas stockée dans le corps. Élément du groupe B, indispensable au bon fonctionnement du système nerveux, elle s'altère rapidement au contact de l'air, de l'eau, de la caféine, de l'alcool, des œstrogènes et des additifs alimentaires. Les aliments frais et complets sont les meilleures sources pour cette vitamine majeure. Prises ensemble, les vitamines du groupe B sont plus efficaces.

Comme toutes les vitamines du groupe, la thiamine est soluble dans l'eau, l'organisme ne la stocke donc pas. Elle est également la moins stable des vitamines, et la cuisson, par exemple, peut entraîner des pertes massives de thiamine. La caféine, l'alcool, l'air, l'eau et les œstrogènes sont des facteurs qui annihilent la thiamine. Cette vitamine est surnommée la «vitamine du moral» à cause de ses effets positifs sur notre humeur et sur le système nerveux.

- est nécessaire à la production d'énergie, à l'activité intellectuelle, aux muscles, au cœur et au système nerveux
- est indispensable à la transformation des hydrates de carbone en énergie
- a un bon effet sur le moral
- favorise la croissance

LES SYMPTÔMES DE CARENCE
La carence la plus répandue, le béribéri, peut être longue à compenser lorsqu'elle est importante, même si le régime alimentaire est corrigé.

LES BONNES SOURCES D'ACQUISITION
Levure alimentaire, haricots, aliments complets, flocons d'avoine, porc, légumes, lait, riz.

LES UTILISATIONS THÉRAPEUTIQUES

Douleurs postopératoires, traitement de l'herpès, zona, épilepsie, névralgies du trijumeau et neuropathies sensitives du diabète.

POSOLOGIE

50 mg sont généralement suffisants, mais le praticien peut prescrire des doses plus fortes dans le cadre d'une thérapie. Les meilleurs compléments sont ceux contenant toutes les vitamines B.

VITAMINE B$_2$
(Riboflavine)

Durant des périodes de stress émotionnel ou physique, nos besoins en riboflavine, ou vitamine B$_2$, augmentent: vous aurez besoin d'augmenter vos doses pour soutenir le rythme. Comme les autres vitamines B, la riboflavine, soluble dans l'eau, se détériore au contact de substances comme la caféine, l'alcool, les œstrogènes et, dans ce cas particulier, le zinc.

Elle est indispensable pour des cheveux, une peau et des ongles en bonne santé.

La vitamine B$_2$ est soluble dans l'eau et très facilement assimilée par l'organisme. Elle est moins volatile que la thiamine bien qu'un excès de zinc, d'antibiotiques, d'oestrogènes, de caféine et d'alcool puisse la détruire, tout comme la lumière du soleil. C'est la raison pour laquelle les contenants de lait sont en matériaux opaques.

- favorise la croissance
- favorise une peau saine, des cheveux et des ongles en bonne santé
- est indispensable pour le métabolisme des graisses, des protéines et des hydrates de carbone
- est indispensable à la reproduction
- active l'effet de la vitamine B$_6$

• transforme les hydrates de carbone en énergie

LES SYMPTÔMES DE CARENCE
Bouche, lèvres et langue douloureuses, insomnies, photosensibilité, yeux injectés de sang, peau rouge et rugueuse aux ailes du nez. Le stress augmente les besoins en riboflavine.

LES BONNES SOURCES D'ACQUISITION
Lait, foie, œufs, viande, légumes verts à feuilles, levure, poissons, céréales complètes.

LES UTILISATIONS THÉRAPEUTIQUES
Certaines insomnies, cataractes, peau abîmée, problèmes de vue (surtout fatigue visuelle), acné rosacée et autres problèmes dermatologiques, syndrome du canal carpien.

POSOLOGIE
50 mg suffisent généralement, mais votre médecin peut augmenter les doses pour des raisons thérapeutiques. Les meilleurs compléments associent l'ensemble des vitamines B.

VITAMINE B$_3$
(Niacine)
Le troisième élément des vitamines du groupe B est la niacine, appelée B$_3$. Elle est indispensable pour nos fonctions cérébrales normales : une carence en B$_3$ est associée à la schizophrénie et aux dépressions. D'autres, moins importantes, peuvent causer des insomnies, de la fatigue et, parfois, des ulcères buccaux. Cette vitamine améliore l'apparence de la peau, la circulation sanguine et le fonctionnement du système digestif. 100 mg par jour suffisent sauf prescription médicale contraire.

La niacine, vitamine soluble dans l'eau, est

essentielle aux fonctions du cerveau. Dans de nombreux cas, on a pu associer des états dépressifs et même parfois, semble-t-il, schizophréniques à une carence en niacine. Les femmes en âge de procréer devront sans doute absorber davantage de niacine, car les œstrogènes inhibent la transformation du tryptophane en vitamine B3. Si vous souffrez de carences en vitamines B, vous ne pouvez pas produire de niacine à partir du tryptophane.

- est indispensable à la production de cortisone, de la thyroxine, de l'insuline et à la synthèse des hormones sexuelles
- améliore la circulation sanguine
- améliore l'apparence de la peau, le fonctionnement des nerfs, du cerveau et du système digestif
- transforme les hydrates de carbone en énergie

LES SYMPTÔMES DE CARENCE

Insomnies, fatigue chronique, manque d'appétit, problèmes digestifs, faiblesse musculaire, irritabilité, problèmes dermatologiques, bouche sèche et problèmes psychiatriques.

LES BONNES SOURCES D'ACQUISITION

Foie, viandes maigres, céréales, cacahuètes, poissons, œufs, avocats, graines de tournesol, pruneaux.

LES UTILISATIONS THÉRAPEUTIQUES

Règles irrégulières, problèmes de peau, migraines, problèmes de circulation sanguine, hypertension, vertiges dans le cadre du syndrome de Ménière, ulcères buccaux, cholestérol élevé, acouphène, diabète et asthme.

VITAMINE B$_5$
(Acide pantothénique)

L'acide pantothénique ou vitamine B$_5$ appartient au groupe B. C'est une des meilleures vitamines. Comme la riboflavine, elle peut être très utile en période de stress. Parce qu'elle est essentielle à la transformation des hydrates de carbone en énergie, une infime carence de B$_5$ peut causer un état de fatigue.

L'acide pantothénique est soluble dans l'eau. Vitamine antistress, elle agit sur les glandes surrénales qui produisent l'adrénaline. Le conditionnement alimentaire, les raffinages, la caféine, les sulfamides, les somnifères, les œstrogènes et l'alcool réduisent sensiblement l'effet de la vitamine B$_5$.

- aide à produire des hormones antistress
- renforce le système nerveux
- aide à cicatriser
- aide à fabriquer les cellules, à maintenir une croissance normale et à développer le système nerveux central
- est nécessaire au bon fonctionnement de la glande surrénale
- est essentielle à la conversion des hydrates de carbone en énergie
- est nécessaire à la synthèse des anticorps

LES SYMPTÔMES DE CARENCE
Ulcères du duodénum, problèmes sanguins et dermatologiques, fatigue, perte d'appétit, mauvaise coordination, faiblesse, hypoglycémie et sensations de brûlure dans les pieds.

LES BONNES SOURCES D'ACQUISITION
Viandes, céréales, son de blé, foie, œufs, noisettes, levures, légumes verts.

LES UTILISATIONS THÉRAPEUTIQUES
Réactions allergiques, stress, traumatisme, choc

postopératoire et convalescence, fatigue chronique, mauvaise cicatrisation, rhumatisme, arthrite, certaines amnésies et certains troubles immunitaires. La fatigue est un signe de carence. La vitamine B5 soigne les dépressions et les problèmes dermatologiques.

POSOLOGIE
- 500 mg par jour en cas de problèmes immunitaires ou arthritiques
- la vitamine B_5 est normalement présente dans les formules de B complexe, un apport quotidien de 300 mg puisés dans les aliments ou les compléments alimentaires est recommandé.

VITAMINE C
(Acide ascorbique)
La vitamine C, une des principales vitamines du système immunitaire, est également essentielle à la santé de l'ensemble des tissus de notre organisme. Elle est soluble dans l'eau, ce qui signifie que notre corps ne peut pas la stocker. À nous de faire en sorte de ne pas en manquer au quotidien. Le meilleur moyen de s'en assurer est de consommer des fruits et des légumes frais.

La vitamine C est très importante pour notre système immunitaire. Les êtres humains et les singes sont les seuls mammifères à ne pas synthétiser la vitamine C: nous devons donc puiser la quantité nécessaire dans nos aliments. Tout excédent, cependant, est rapidement éliminé. La cuisson fait aussi perdre aux aliments une grande partie de leur vitamine C. Le phénomène se produit aussi si on les conserve trop longtemps ou s'ils sont exposés à l'air (après les avoir coupés par exemple). Afin d'être certain d'en absorber la bonne quantité, il faut manger au moins quatre à cinq portions de légumes ou de fruits frais, légèrement cuits à la vapeur, voire crus, chaque jour. L'alcool, l'aspirine, le tabac, le stress, les infections et la pilule contraceptive accroissent les besoins en vitamine C.

- est nécessaire à l'assimilation du fer
- est un antioxydant
- encourage la production d'hormones de stress
- aide à cicatriser
- est indispensable au squelette et à maintenir les tissus sains
- est indispensable à la croissance et à l'entretien des vaisseaux sanguins, des cellules, des gencives, des os et des dents

LES SYMPTÔMES DE CARENCE
Saignements, gencives douloureuses et dents branlantes, fatigue, activité immunitaire déficiente, hématomes, hypoglycémie, problèmes sanguins et dermatologiques.

LES BONNES SOURCES D'ACQUISITION
Agrumes, tomates, pommes de terre, légumes verts, choux, poivrons rouges.

LES UTILISATIONS THÉRAPEUTIQUES
- aide à guérir des blessures et brûlures
- réduit le cholestérol
- aide à traiter l'asthme, à prévenir et guérir des rhumes et autres maladies infectieuses
- traite et aurait guéri certaines formes de cancer
- stimule l'activité immunitaire
- réduit les risques de caillots sanguins dans les veines
- réduit les effets de nombreux allergènes, la cyclothymie, les problèmes de sucre dans le sang, les intoxications, le vieillissement et les maladies dégénératives

POSOLOGIE :

Ceux qui boivent au-delà de la normale ou qui fument devront absorber un surplus quotidien de 400 mg pour combler les besoins de l'organisme.

LA CHOLINE

La choline peut être synthétisée par l'organisme à condition que la prise de l'acide aminé méthionine soit suffisante. Elle aide le foie à éliminer des graisses. Elle contribue à renforcer la mémoire, aide l'impulsion nerveuse, surtout au niveau des nerfs qui stimulent la mémoire. Elle est nécessaire pour produire et maintenir la structure des cellules. Avec l'inositol, elle participe au métabolisme des graisses et du cholestérol.

LES SYMPTÔMES DE CARENCE

Problèmes gastriques, retards de croissance, durcissement des artères, mémoire déficiente, certains cas de maladie d'Alzheimer.

LES BONNES SOURCES D'ACQUISITION

Jaunes d'œufs, abats, noix, noisettes, amandes, légumes verts, feuillus ou secs, levure, lécithine.

LES UTILISATIONS THÉRAPEUTIQUES

Taux de cholestérol élevé, problèmes gastriques, dépression et anxiété, troubles de la mémoire, maladie d'Alzheimer, cirrhose.

POSOLOGIE

La quantité requise pour maintenir une bonne santé est assez minime, mais la science a créé des suppléments de choline qui contiennent de 200 mg à 300 mg par capsule qu'il faut prendre deux fois par jour.

LA BIOTINE

La biotine, la choline et l'inositol (vitamine, ou substance proche des vitamines) sont classées dans la famille des vitamines B. Les carences de ces vitamines sont rares. Ces substances peuvent être prescrites dans un but thérapeutique. Par exemple, la biotine est utilisée dans le traitement contre la perte des cheveux et le grisonnement prématuré : la choline participe à la prévention de la maladie d'Alzheimer, et l'inositol est efficace contre l'eczéma et autres problèmes dermatologiques.

La biotine, acide complexe organique contenant du soufre, est synthétisée par la flore intestinale. Elle est largement présente dans les aliments. C'est une vitamine soluble dans l'eau, souvent associée aux vitamines du groupe B. La biotine est essentielle à la synthèse des graisses et des protéines par l'organisme.

- est nécessaire au métabolisme des protéines, des hydrates de carbone et des graisses
- est indispensable à la croissance et à la santé de la peau, des cheveux, des nerfs, des glandes sexuelles et de la moelle épinière
- est nécessaire au métabolisme de l'énergie

LES SYMPTÔMES DE CARENCE

Une carence naturelle chez l'humain est exceptionnelle, mais les symptômes incluent la dépression, un eczéma grave, des dermatoses, un épuisement, l'affaiblissement du métabolisme de la graisse, la perte des cheveux, un grisonnement prématuré et l'anorexie.

LES BONNES SOURCES D'ACQUISITION

Viandes, produits laitiers, céréales, foie, jaunes d'œufs, noix, noisettes, amandes, riz.

LES UTILISATIONS THÉRAPEUTIQUES

- aide à prévenir la chute des cheveux et/ou leur grisonnement prématuré
- est recommandée dans les cas de douleurs musculaires, eczéma, d'autres problèmes dermatologiques et certains diabètes.

POSOLOGIE

La biotine est présente dans de nombreux compléments de B-complexe et préparations multivitaminées. La consommation quotidienne recommandée est de 25 à 300 mcg, selon les besoins. Une dose de 1 000 mcg peut être prescrite, mais elle exige un suivi médical.

LA VITAMINE B$_{12}$
(Cobalamine)

La vitamine B$_{12}$, ou cobalamine, vitamine du groupe B, se trouve naturellement dans le lait et le fromage, par exemple. Le calcium permet de bien l'assimiler. Une carence de cette vitamine peut provoquer l'anémie. Notre organisme en réclame très peu, mais l'absorption de vitamine B$_{12}$ est souvent mal gérée et les végétariens, surtout, ont besoin de compléments. Comme la vitamine B$_1$, la B$_{12}$ est reconnue pour ses effets sur le bien-être général et son influence sur le système nerveux.

La vitamine B$_{12}$, aussi appelée cobalamine ou cyanocobalamine, est connue comme étant la « vitamine rouge ». Soluble dans l'eau, elle se trouve uniquement dans les produits d'origine animale, bien qu'on en ajoute maintenant dans certains plats végétariens. Elle est la seule vitamine riche en minéraux essentiels, et nos besoins de cette vitamine sont minimes. Cependant, elle s'ingère mal et c'est pourquoi elle doit être liée au calcium. Dans de nombreux cas, l'injection est la meilleure solution, particulièrement pour les personnes ayant de

la difficulté à ingérer cette vitamine.
- forme et régénère les globules rouges
- est essentielle au système nerveux
- est essentielle à la croissance et au développement
- est nécessaire pour métaboliser les graisses, hydrates de carbone et protéines
- améliore la concentration, la mémoire et l'équilibre
- désintoxique le métabolisme

LES SYMPTÔMES DE CARENCE
Anémie, fatigue, maladie cardiaque, dommages causés au cerveau, aux nerfs, langue sèche et hallucinations.

LES BONNES SOURCES D'ACQUISITION
Foie, bœuf, fromage, lait, rognons, yogourts, œufs.

LES UTILISATIONS THÉRAPEUTIQUES
Problèmes d'appétit, convalescence, fatigues et douleurs chroniques, confusion et démence, acouphène, sclérose en plaques, irritabilité.

POSOLOGIE
Les compléments dosés entre 50 et 2 000 microgrammes (mcg) sont sans risque : les médecins les prescrivent souvent sous forme d'injection. Les doses quotidiennes oscillent entre 10 et 100 mcg et devraient être associées aux vitamines C, E et A ainsi que les autres vitamines du groupe B.

LA VITAMINE E
(Alpha-tocophérol)
La vitamine E est un antioxydant recommandé dans plusieurs thérapies. Bien qu'elle soit soluble dans les graisses, le corps la retient difficilement et elle est sensible à tout processus de transformation :

la transformation du blé en farine blanche fait disparaître 90 % de cette vitamine. Les fumeurs et les femmes utilisant la pilule contraceptive ont un besoin accru en vitamine E.

La vitamine E est une vitamine soluble dans la graisse, mais, contrairement aux autres vitamines, presque 70 % de la quantité absorbée est éliminée dans les selles. Elle est stockée dans le foie, les tissus gras, le cœur, les testicules, l'utérus, les muscles, le sang, les glandes surrénales et l'hypophyse. Son nom chimique est l'alpha-tocophérol, le plus actif d'un groupe de huit tocophérols. La vitamine E est souvent recommandée dans le traitement de maladies coronariennes, de la dystrophie musculaire, les fausses couches spontanées et la schizophrénie, par exemple. Elle a également été utilisée avec succès dans le traitement et la prévention de certains cancers. La chaleur, l'oxygène, la congélation, la préparation des aliments et le chlore (que l'on trouve dans certaines eaux minérales) détruisent la vitamine E. Les aliments congelés contiennent généralement très peu de vitamines E.

- ralentit le processus de vieillissement
- apporte de l'oxygène à l'organisme
- est un antioxydant
- protège les poumons de la pollution
- aide au développement et à l'entretien des nerfs et des muscles
- prévient les fausses couches
- améliore l'activité immune de l'organisme
- fonctionne comme un diurétique naturel
- a un rôle cicatrisant
- favorise la fertilité
- réduit les besoins en oxygène des muscles

LES SYMPTÔMES DE CARENCE

Dégénérescence musculaire, problèmes de reproduction, certaines anémies, taches de vieillesse, cataractes, fragilisation des globules rouges et problèmes neuromusculaires.

LES BONNES SOURCES D'ACQUISITION

Les germes de blé, graines de soya, huiles végétales, brocoli, légumes verts, feuillus, blé complet, œufs, avoine, amandes, beurre, cacahuètes, huile de tournesol.

LES UTILISATIONS THÉRAPEUTIQUES

- apaise les brûlures
- ralentit l'évolution de la maladie de Parkinson
- réduit les risques de crises cardiaques chez les personnes atteintes de troubles cardio-vasculaires
- modère les effets de la pollution
- encourage l'action de l'insuline chez les diabétiques
- prévient le syndrome prémenstruel, l'ostéoarthrite
- contribue au contrôle des crises d'épilepsie
- empêche la gangrène et les problèmes du système immunitaire, dont les troubles immuns, les kystes mammaires, les problèmes de fertilité, les zonas, certains cancers associés au sélénium et les dystrophies musculaires

POSOLOGIE

On considère que la prise de 200 à 300 mg par jour est suffisante, bien que les fumeurs, les femmes enceintes ou qui allaitent ou celles qui sont ménopausées doivent en consommer davantage.

VITAMINE B$_9$
(Acide folique)

L'acide folique, vitamine du groupe B, est aussi connu sous le nom de vitamine B$_9$. Nous savons maintenant qu'il est primordial au développement du fœtus, et les spécialistes recommandent d'en absorber pendant la grossesse afin de réduire les risques de malformations fœtales. Si vous buvez beaucoup, vous aurez besoin d'augmenter vos prises quotidiennes.

L'acide folique est soluble dans l'eau. Récemment, l'acide folique a été identifié comme essentiel au développement du fœtus et, pris avant et pendant la grossesse, il prévient le spina-bifida. Il est facilement détruit par la cuisson et le mode de préparation des aliments : de plus, il est sensible à la lumière. Si vous prenez des pilules contraceptives, des médicaments contre l'épilepsie, des alcalins, trop d'alcool ou d'aspirine, ou si vous avez des carences en zinc ou vitamine B_{12}, augmentez votre apport en acide folique.

- est essentiel à la division des cellules
- est nécessaire à l'utilisation du sucre et des acides aminés, surtout la glycine et méthionine
- est indispensable à la production des acides nucléiques
- est nécessaire à la formation des globules rouges

LES SYMPTÔMES DE CARENCE

Problèmes nerveux, troubles de la mémoire, mauvaise lactation durant un allaitement, insomnie, immunité réduite, fausses couches récurrentes, essoufflement, anorexie, fatigue, problèmes digestifs, risques accrus de cancer et de maladies cardiaques, problèmes à la naissance dont le spina-bifida.

LES BONNES SOURCES D'ACQUISITION

Légumes verts feuillus, carottes, foie, œufs, jaunes d'œufs, abricots, avocats, haricots, céréales, melons, oranges fraîches.

LES UTILISATIONS THÉRAPEUTIQUES

Certaines anémies, anomalies du col de l'utérus, problèmes immunitaires, empoisonnement et parasites alimentaires, dépression, problèmes dermatologiques, convalescence, ulcères buccaux, douleur (action analgésique).

POSOLOGIE

La plupart des personnes n'ont besoin que de 400 à 800 mcg par jour.

VITAMINE D
(Caciférol et ergocalciférol)

La vitamine D est produite par l'organisme grâce à la lumière du soleil. Soluble dans les graisses, elle est stockée dans le corps. Les personnes qui manquent de cette vitamine sont rares. La vitamine D s'absorbe facilement, métabolise les minéraux et en particulier de la vitamine A. Elle est essentielle à la calcification, à une bonne dentition, au fonctionnement rénal. Prise en trop grande quantité, elle peut être toxique.

La vitamine D est stockée dans l'organisme qui la produit lorsqu'il est exposé à la lumière: le soleil agit sur les huiles de la peau pour produire la vitamine. La pollution peut entraver l'action de la lumière sur l'organisme, et les habitants des zones au taux de pollution atmosphérique élevé ne fabriquent pas assez de vitamine D. Le bronzage rend également sa production moins efficace.

La vitamine D produite dans le corps ou ingérée dans des aliments est appelée calciférol. Sa forme synthétique, utilisée souvent comme complément, s'appelle ergocalciférol. Prise par voie orale, la vitamine D est absorbée avec les graisses et passe dans les intestins.

- permet l'assimilation du magnésium, du calcium, du zinc, du fer, du phosphore et

autres minéraux
- participe à la digestion de la vitamine A
- est indispensable à des dents et à un squelette sains
- est nécessaire au métabolisme du calcium et du phosphore
- est nécessaire au fonctionnement rénal

LES SYMPTÔMES DE CARENCE
Rachitisme chez l'enfant, dents cariées, ostéoporose, et ostéomalacie.

LES BONNES SOURCES D'ACQUISITION
Lait et laitages (surtout le beurre), poissons gras, huiles de foie de poisson.

LES UTILISATIONS THÉRAPEUTIQUES
Maladies dentaires et osseuses, rhumes, certaines formes de psoriasis, fixation du calcium, conjonctivite, migraine.

VITAMINE K
(Menadione)
La vitamine K est une vitamine importante, soluble dans les graisses et peu de gens en manquent. L'organisme en stocke peu, mais les bactéries saines des intestins conservent la quantité nécessaire à l'organisme. Les yogourts, qui encouragent la production de ces bactéries (saines) dans les intestins, constituent une bonne source en vitamine K. Son principal travail est de favoriser la coagulation du sang et d'éviter les saignements de nez répétés.

On prescrit rarement des compléments de vitamine K. Elle se trouve en grande quantité dans les aliments comme la tomate, par exemple.

La vitamine K est primordiale pour que le foie synthétise diverses protéines nécessaires à la coagulation du sang. Au point de vue chimique, la phylloquinone est la plante source de la vitamine K et un dérivé synthétique, la médianone, est utilisée en thérapie. Les bactéries intestinales forment une famille de composés à l'activité de la vitamine K: ces composés sont connus sous le nom de ménaquinones. La vitamine K est stockée dans les os et le foie. On l'utilise dans le traitement des carences spécifiques qui se produisent lors d'une thérapie anticoagulante, et dans les cas de maladies hémorragiques chez les nouveau-nés (qui ont un taux très faible de vitamine K puisqu'ils n'ont pas encore d'activités bactériologiques hépatiques).

- est essentielle à la formation de la pro-thrombine, un coagulant chimique
- est nécessaire à la calcification et à la minéralisation des os

LES SYMPTÔMES DE CARENCE
Maladies du côlon, ostéoporose, saignements, hémorragies.

LES BONNES SOURCES D'ACQUISITION
Yogourts (nature) alfalfa, jaunes d'œufs, brocoli, choux de Bruxelles, légumes verts feuillus, thé vert, céréales, foie, tomates, huiles de foie de poisson.

LES UTILISATIONS THÉRAPEUTIQUES
Règles trop abondantes, troubles de coagulation, éviter les maladies hémorragiques du nouveau-né.

POSOLOGIE
On donne rarement de la vitamine K en complément, sauf pour les nouveau-nés qui en reçoivent en injection ou en prises orales à la naissance.

LES MINÉRAUX

Les vitamines sont des composés dont le corps a besoin en petites quantités pour se développer et fonctionner correctement. Avec les enzymes et d'autres éléments, elles produisent de l'énergie, construisent les tissus, éliminent les toxines et s'assurent que chaque système fonctionne correctement. Les minéraux sont des métaux et autres composés non organiques qui agissent un peu de la même façon : ils renforcent les processus de l'organisme, les dents et les os. Ils sont classés en deux groupes, les minéraux majeurs et mineurs.

Les minéraux majeurs doivent être présents dans le corps en quantité importante (plus de 100 mg par jour) : calcium, phosphore, potassium, sodium et souffre. Pour les minéraux dits mineurs, ou oligoéléments, la dose quotidienne conseillée est de moins de 100 mg : chrome, zinc, sélénium, silicone, bore, cuivre, manganèse, molybdène et vanadium. À quelques exceptions près (comme pour la vitamine D, synthétisée par notre organisme), les nutriments essentiels ne sont pas produits par notre corps et nous devons nous fier à notre alimentation et les compléments pour en obtenir. Ces dernières décennies, les vitamines et les minéraux ont été enrichis d'autres compléments dont la plupart agissent comme les vitamines : il s'agit des coenzymes Q_{10}, des acides gras essentiels, des acides aminés et des plantes. Les plantes, médicinales ou non, constituent la base de la médecine traditionnelle.

Jetons un coup d'œil sur ces précieux minéraux.

LE CHROME (Cr)

Le rôle du chrome a été découvert il y a seulement quelques décennies. Il favorise la régulation du taux de sucre dans le sang et il intervient dans le traitement du diabète. On l'utilise, avec le magnésium et les vitamines B, pour aider à métaboliser le sucre. Ce produit minéral régularise également le cholestérol dans le sang.

On a découvert l'importance de cet oligoélément pour notre santé dans les années cinquante. Il stimule l'activité de l'insuline, aide au contrôle du taux du glucose dans le sang en favorisant sa consommation par les muscles et les organes, il favorise le métabolisme du glucose et la synthèse des protéines, aide à contrôler les taux de cholestérol, de graisses dans le sang et à réduire l'artériosclérose, accroît la résistance aux infections et supprime les fringales. L'organisme a besoin de chrome, de magnésium et de vitamine B pour métaboliser le sucre : un régime trop riche en sucre puisera excessivement ces nutriments essentiels dans les réserves de l'organisme. Nous savons que les habitudes alimentaires occidentales sont pauvres en chrome, mais qu'elles sont très riches en sucre et en produits transformés, ce qui serait à l'origine de nombreux problèmes de santé.

• favorise l'activité de l'insuline

LES SYMPTÔMES DE CARENCE
Diabète, hypoglycémie, fatigue, sautes d'humeur, hypercholestérolémie et artériosclérose.

BONNES SOURCES D'ACQUISITION
Foie, céréales complètes, viande, fromage, levure de bière, mélasse, champignons, jaunes d'œufs.

LES UTILISATIONS THÉRAPEUTIQUES
Hypercholestérolémie, hypoglycémie, diabète, maladies cardiaques, dépression et anxiété, syndromes prémenstruels.

POSOLOGIE
La posologie moyenne se situe entre 100 et 200 mcg par jour.

LE CALCIUM (Ca)

Le calcium est un minéral indispensable puisqu'il construit nos os et nos dents et est essentiel à la transmission des informations aux nerfs. Nous n'en avons jamais trop. Les femmes en ont souvent plus besoin que les hommes et les personnes âgées, surtout les femmes, sont particulièrement vulnérables à un manque de calcium. Une carence en calcium peut rendre les os friables et provoquer des crampes musculaires.

De récentes études ont démontré qu'un tiers seulement de nos besoins en calcium était comblé. Il est indispensable. Outre son apport pour nos dents, nos os et nos nerfs, il permet aux muscles de se contracter, à notre cœur de battre, et à notre système immunitaire de jouer son rôle de barrière contre les diverses agressions.

- est nécessaire à l'action d'un certain nombre d'hormones, au bon fonctionnement des muscles et à la coagulation de la pression sanguine
- sert à la libération des neurotransmetteurs du cerveau et favorise le système nerveux
- renforce les os et les dents
- aide à métaboliser le fer
- est nécessaire à la structure des cellules
- contribue à l'assimilation de la vitamine B_{12}

LES SYMPTÔMES DE CARENCE

De nombreux groupes de personnes peuvent avoir des carences en calcium, surtout les personnes âgées. Comme le calcium est important au bon fonctionnement de notre organisme, celui-ci le puise là où il se trouve, essentiellement dans les os, ce qui, à terme, les fragilise. Les hormones parathyroïdiennes et la thyroïde en maintiennent l'équilibre normal dans les tissus. Une carence peut entraver la croissance, entraîner un rachitisme et une tétanie. D'autres symptômes se traduisent par des problèmes gingivaux, des crampes musculaires, une perte de tonus musculaire et des convulsions.

LES BONNES SOURCES D'ACQUISITION

Lait, fromage, produits laitiers, soya, légumes verts feuillus, saumon, noix, noisettes, amandes, racines comestibles et brocoli.

LES UTILISATIONS THÉRAPEUTIQUES

Douleurs croissantes, crampes menstruelles, hypoglycémie, crampes musculaires, ostéoporose, allergies, hypertension, migraine, problèmes cardiaques, insomnie.

POSOLOGIE

Les besoins en calcium varient d'un individu à l'autre, mais pour éviter les carences on peut prendre un supplément de calcium magnésium de 300 mg, deux fois par jour.

LE POTASSIUM (K)

Le potassium, le sodium et le chlore constituent les sels essentiels (ou électrolytes) de l'organisme nécessaires à l'équilibre des fluides corporels. Le potassium intervient notamment dans la synthèse des protéines et de l'amidon et la contraction des muscles. Il est éliminé par la sueur, et nos besoins doivent être compensés à la suite d'un exercice soutenu, ce qui peut être fait en mangeant des fruits frais ou en buvant des jus de légumes.

Le potassium est l'un des minéraux les plus importants. Il fonctionne en association avec le sodium et le chlorure pour constituer les électrolytes ou sels corporels essentiels. Indispensable, il participe à la conduction nerveuse, aux battements du cœur, à la production d'énergie, à la synthèse des acides nitriques et des protéines ainsi qu'à la contraction musculaire. Le potassium s'élimine par la sueur, mais aussi par les diarrhées chroniques et l'utilisation de diurétiques.

- est nécessaire au transport du gaz carbonique par les globules rouges
- est indispensable à l'équilibre de l'eau et à la synthèse des protéines et de l'amidon
- constitue un des électrolytes
- est indispensable aux fonctionnements nerveux et musculaire
- stabilise la structure interne des cellules
- agit avec le sodium pour diriger les impulsions nerveuses
- active les enzymes qui contrôlent la production d'énergie
- prévient et guérit l'hypertension

LES SYMPTÔMES DE CARENCE
Vomissements, vertiges, faiblesses musculaires et paralysie, rétention d'eau, hypotension, soif, somnolence, confusion, grande fatigue.

LES BONNES SOURCES D'ACQUISITION
Avocats, légumes verts feuillus, bananes, fruits secs, jus de fruits et de légumes, noix, noisettes et amandes, pommes de terre, mélasse, farine de soya.

LES UTILISATIONS THÉRAPEUTIQUES
Fatigue musculaire, effets secondaires de médicaments diurétiques.

POSOLOGIE
En moyenne, une personne de 160 lb (72,58 kg) a besoin de suppléments de 200 à 300 mg par jour. Si vous vivez dans un pays tropical, la demande en potassium est plus grande à cause de la transpiration. 1 000 mg et plus par jour sont alors recommandés, mais il vaut mieux avoir l'avis d'un spécialiste.

Rappel :

Maintenant, imaginez une personne de 300 lb (136 kg) avec un surplus de poids de 100 lb (45,359 kg). Durant la période estivale, la sueur causée par la chaleur augmentera forcément la demande en potassium. Consultez un spécialiste à ce sujet.

LE FER (Fe)

L'anémie, souvent associée à un manque de fer, fut découverte il y a 3 500 ans. Le fer est une composante des globules rouges et des muscles : il participe à la diffusion de l'oxygène dans l'organisme. Les femmes perdent deux fois plus de fer que les hommes et sont plus sujettes aux carences, surtout durant les périodes de grossesse. Boire un café une heure après un repas peut réduire l'absorption du fer jusqu'à 80 %.

Le fer, nutriment minéral essentiel, est une composante de l'hémoglobine et des molécules myoglobines.

L'hémoglobine présente dans les globules rouges transporte l'oxygène des poumons aux cellules et retourne les déchets de gaz carbonique des cellules aux poumons. La myoglobine, présente dans les tissus des muscles striés, transporte l'oxygène dans les tissus pour stocker l'énergie. Le fer est également un complément de certains enzymes métaboliques. L'excédent est stocké dans la rate, la moelle épinière et le foie. Les anémies, souvent dues à une forte carence en fer, étaient déjà diagnostiquées 1 500 ans avant Jésus-Christ par les médecins égyptiens. De nos jours, plus de 500 millions de personnes dans le monde en souffrent.

- est nécessaire à la production de l'hémoglobine et de certains enzymes
- participe à l'activité immunitaire

- alimente les cellules en oxygène
- est indispensable au foie
- protège contre l'effet des radicaux libres

LES SYMPTÔMES DE CARENCE
Anémie, problèmes de croissance, certaines formes de surdité, pâleur excessive, essoufflement, fatigue, densité osseuse réduite.

LES BONNES SOURCES D'ACQUISITION
Foie, céréales, poudre de cacao, légumes verts, chocolat noir, fruits de mer, noix, noisettes, amandes, légumes secs, brocoli, viande rouge, jaune d'œuf, mélasse.

LES UTILISATIONS THÉRAPEUTIQUES
Anémie, perte auditive, douleurs menstruelles, syndrome des jambes lourdes, faible résistance aux infections, fatigue.

POSOLOGIE
Si vous êtes végétarien ou si vous mangez peu de viande rouge, un supplément de 100 à 200 mg par jour pourrait vous éviter bien des désagréments.

LE MAGNÉSIUM (Mg)
Le magnésium est un minéral indispensable à tous les processus biochimiques de l'organisme, et les carences dans l'organisme sont fréquentes. Les symptômes sont: battements du cœur irréguliers, palpitations, mauvaise circulation, spasmes musculaires et crampes, nervosité et anxiété.

Le stress et une forte consommation de thé et de café peuvent épuiser les ressources en magnésium. Chez certaines personnes, il n'est pas conseillé de prendre de tels compléments.

Le magnésium, s'il est important pour tous les processus chimiques de notre organisme, joue aussi un rôle indispensable dans le métabolisme et la synthèse des acides nucléiques et des protéines.

- répare et entretient les cellules
- est nécessaire à l'activité hormonale
- permet la production d'énergie
- équilibre et contrôle le potassium, le calcium et le sodium dans l'organisme
- aide à fixer le calcium sur l'émail des dents
- lutte contre le diabète
- est nécessaire à la contraction et relaxation des muscles, y compris le cœur
- est indispensable à la transmission des impulsions nerveuses
- est indispensable pour la croissance et le développement du squelette

LES SYMPTÔMES DE CARENCE

Une carence en magnésium est fréquente, surtout chez les personnes âgées, les gros buveurs, les femmes enceintes, les sportifs. Il a été démontré que même une légère carence pouvait entraîner des troubles, des battements cardiaques, ainsi que de nombreux problèmes dont l'anorexie, l'anémie, une moindre capacité à se désintoxiquer, de la nervosité et de l'anxiété, des palpitations, des spasmes musculaires et des crampes, des tics faciaux, une perte de la densité et de la masse osseuse, des insomnies, une hyperactivité chez les enfants, des problèmes de tension, des syndromes prémenstruels, une mauvaise circulation sanguine, des douleurs menstruelles, des calculs rénaux. Le syndrome de la fatigue chronique serait lié à une déficience fonctionnelle en magnésium lorsque la quantité nécessaire dans le sang est présente, mais non assimilée par les cellules. En pareil cas, un complément en vitamine B_6 facilite la circulation du magnésium dans les membranes cellulaires.

LES BONNES SOURCES D'ACQUISITION

Riz brun, haricots rouges, levure de bière, noix, noisettes, amandes, chocolat amer, légumineuses, fruits de mer.

LES UTILISATIONS THÉRAPEUTIQUES

Calculs rénaux, asthme, ostéoporose, dépression, anxiété, fatigue, syndromes prémenstruels, douleurs menstruelles, fibromyalgie, glaucomes, endurance et force chez les athlètes, hypoglycémie, insomnie, migraine, problèmes gingivaux, hypercholestérolémie, hypertension, éclampsie, certaines formes de pertes auditives, problèmes de la prostate.

POSOLOGIE

L'apport de magnésium dans l'alimentation occidentale serait insuffisant. On recommande de prendre des suppléments de 200 à 400 mg par jour, sous forme de citrate de magnésium et de taurate de magnésium. Un bon complément en vitamines et minéraux doit comporter une dose appropriée en magnésium.

LE ZINC (Zn)

Le zinc est l'un des principaux oligoéléments. Il joue un rôle dans la plupart des processus vitaux de l'organisme, dont la communication génétique et la protection du système immunitaire. Les taches blanches sur les ongles et certains problèmes dermatologiques peuvent indiquer une déficience. Les carences mineures sont fréquentes, cependant une prise supérieure à 30 mg par jour peut déséquilibrer d'autres nutriments à cause d'un trop grand apport en cuivre, fer et sélénium.

Le zinc est indispensable à plus de deux cents activités enzymatiques. Ce minéral, principal protecteur du système immunitaire, joue un rôle crucial dans la régulation de l'information génétique. Il est également indispensable à la structure et au bon fonctionnement des membranes cellulaires. Une légère carence en zinc est relativement fréquente et peut occasionner certains troubles comme la stérilité masculine, un faible poids à la naissance et l'acné juvénile.

- est nécessaire à la fertilité masculine
- est indispensable aux activités hormonales, à la croissance, au métabolisme de l'énergie, à l'hémoglobine
- permet le stockage de l'insuline
- aide à transporter le gaz carbonique
- favorise la synthèse de la prostaglandine
- participe à la synthèse du collagène
- est nécessaire au métabolisme de la vitamine A et à sa distribution dans l'organisme
- désintoxique de l'alcool
- préviendrait les cancers
- prévient la cécité associée à l'âge
- protège contre les effets dégénératifs de l'âge
- est un antioxydant

LES SYMPTÔMES DE CARENCE

Taches blanches sur les ongles, rougeurs de la peau, pousse capillaire lente, problèmes dermatologiques, perte anormale des cheveux, acné, anorexie, dépression, irritabilité, maladie mentale, mauvais fonctionnement des glandes sexuelles, léthargie, stérilité masculine, croissance ralentie chez les enfants, mauvaise cicatrisation, goût et odorat peu développés. Les compléments en zinc peuvent réduire l'apparition de cancers, renforcer l'activité cérébrale et équilibrer le taux de sucre dans le sang. Il est également indispensable aux organes sensoriels.

LES BONNES SOURCES D'ACQUISITION

Abats, viande, champignons, graines, huîtres, œufs, céréales, levure de bière.

LES UTILISATIONS THÉRAPEUTIQUES

Stérilité masculine, acné, anorexie, ulcères buccaux, infections virales, anémie à hématies falciformes, acouphène, problèmes de thyroïde et du système immunitaire, arthrite, ulcère, troubles de la croissance, allergies, alcoolisme.

POSOLOGIE

Associer les doses de zinc de 15 à 30 mg par jour à un complément riche en vitamines et en minéraux. Au-delà, augmenter les doses de cuivre, de fer et de sélénium.

LE CUIVRE (Cu)

Le cuivre est un oligoélément qui fonctionne avec le fer pour fixer l'oxygène dans les globules rouges. Antioxydant très important, il produit du collagène. Il provient des conduites d'eau, des ustensiles de la cuisine, de la pollution, de la fumée. Les aliments complets constituent l'une des meilleures sources de cuivre.

Le cuivre est nécessaire à la respiration puisqu'il participe à la synthèse de l'oxygène dans les globules rouges. Le cuivre est également important pour la production du collagène, garant de la bonne santé des os, des cartilages et de la peau. Antioxydant, il nous protège des effets nocifs des radicaux libres. Nous devrions en absorber de deux à cinq milligrammes par jour. Le cuivre ne se trouve pas dans les aliments frais, mais, comme je l'ai dit, dans les conduites d'eau, les ustensiles de cuisine et, pour comble d'ironie, dans des sources malsaines comme la cigarette, la pilule contraceptive et la pollution, surtout celle provenant des automobiles.

- est nécessaire à la production des hormones surrénales
- aide à l'absorption du fer
- est nécessaire à l'entretien des vaisseaux
sanguins et des tissus connectifs
- est nécessaire à la production d'énergie
- est un antioxydant
- entretient les fibres nerveuses
- est essentiel à l'assimilation de la
vitamine C
- utilise la tyrosine qui procure la couleur de
la peau et des cheveux
- régule le cholestérol
- désactive l'histamine

LES SYMPTÔMES DE CARENCE

Anémie, œdème, problèmes de pigmentation de la peau, hémorragie, problèmes de cheveux, irritabi-lité et perte du goût.

LES BONNES SOURCES D'ACQUISITION

Avocats, foie, mélasse, aliments complets, fruits de mer, noix, noisettes, amandes, fruits, rognons, légumes secs.

LES UTILISATIONS THÉRAPEUTIQUES

Anémie, rhumatisme et arthrite, certains cancers, problèmes énergétiques.

LE MANGANÈSE (Mn)

Le manganèse joue un rôle important dans le bon fonctionnement du cerveau. Nous pensons maintenant que c'est un antioxydant, bien que les études sur cet important oligoélément en soient encore à leurs balbutiements. Sa toxicité est très rare.

Le manganèse est un oligo-élément essentiel pour éviter de nombreux troubles nerveux, dont la maladie d'Alzheimer et la schizophrénie. Nos connaissances sur le manganèse sont encore bien incomplètes, mais il semble qu'il serait l'un des plus importants nutriments pour l'homme.

- est nécessaire au fonctionnement du cerveau
- est efficace dans le traitement de certains troubles nerveux
- est nécessaire à l'activité antioxydante
- est nécessaire au métabolisme de l'énergie
- joue un rôle dans le métabolisme du calcium
- est nécessaire à la production de la mélanine et à la synthèse des acides gras
- aide à produire l'urée
- permet la fabrication de protéines et d'acides nucléiques
- est indispensable à la structure normale osseuse
- contribue à la formation de la thyroxine dans la glande thyroïde

LES SYMPTÔMES DE CARENCE

Dermatite, manque de mémoire, irritabilité, ataxie, fatigue, problèmes de glycémie, certains types de schizophrénie, règles abondantes, os fragiles et dégénérescence des articulations. Le manganèse est facilement excrété de l'organisme. La carence en manganèse gêne le métabolisme des hydrates de carbone. Il est indispensable d'en absorber quotidiennement.

LES BONNES SOURCES D'ACQUISITION
Céréales, thé, légumes verts feuillus, pain complet, légumes secs, foie, légumes à racine, noix, noisettes, amandes.

LES UTILISATIONS THÉRAPEUTIQUES
Épilepsie, maladie d'Alzheimer, schizophrénie, myasthénie, anémie, diabète, maladies cardiaques, artériosclérose, arthrite.

POSOLOGIE
Associez le manganèse à un complément multivitaminé et minéral. La dose adéquate se situe entre 2 et 5 mg, mais en prendre jusqu'à 10 mg ne constitue pas un risque.

LE MOLYBDÈNE (Mo)
Le molybdène est un oligoélément essentiel dont nous ne connaissons pas encore toutes les propriétés. Ce serait un antioxydant, un élément agissant contre le cancer et contre l'anémie. Il est toxique en doses supérieures à 10 mg, et il n'est pas conseillé d'en prendre tous les jours. Il est généralement présent dans la plupart des préparations vitaminées et minérales.

Le molybdène est une partie vitale de l'enzyme responsable de l'utilisation du fer dans l'organisme. Il est aussi censé être un antioxydant. De récentes études ont démontré qu'il était indispensable à une bonne santé. C'est un oligoélément impliqué dans la synthèse des protéines et dans les réactions d'oxydation.

- favorise le métabolisme des graisses et des hydrates de carbone
- est vital pour l'assimilation
- protégerait du cancer
- prévient l'anémie, puisqu'il est nécessaire au métabolisme du fer

- est nécessaire à la production de l'acide urique
- est indispensable à la synthèse de la taurine
- peut prévenir l'impuissance masculine
- aide à lutter contre les caries dentaires

LES SYMPTÔMES DE CARENCE
Battements de cœur irréguliers, irritabilité, incapacité à produire l'acide urique.

LES BONNES SOURCES D'ACQUISITION
Haricots en grains, germes de blé, foie, légumes secs, aliments complets, œufs, abats, sarrasin.

LES UTILISATIONS THÉRAPEUTIQUES
Anémie, prévention des caries.

LE PHOSPHORE (P)

L'une des fonctions du phosphore est d'aider à la construction de la structure osseuse. Bien que ce soit un important minéral, il est très répandu et il est rare de voir des gens qui en manquent. Cependant, il est indispensable que le calcium et le phosphore soient équilibrés. On trouve le phosphore dans les sodas et les aliments dits « fast food », si bien qu'un régime alimentaire pauvre peut entraîner un excédent en phosphore tout en causant un manque en calcium.

Le phosphore présent dans le corps sous forme de phosphates est un minéral essentiel à la structure osseuse et au fonctionnement de l'organisme. Il est également indispensable à l'échange entre les cellules et à la production en énergie.

- structure les os, les dents et les membranes cellulaires
- brûle le sucre nécessaire à l'énergie
- agit en tant que cofacteur de nombreux enzymes et active les vitamines du groupe B
- augmente l'endurance

LES SYMPTÔMES DE CARENCE

Il est présent dans de nombreux aliments, ainsi que les sodas et les additifs alimentaires. Certains problèmes chroniques peuvent cependant entraîner une légère carence dans l'organisme. Les symptômes sont: confusion mentale, faiblesse, perte d'appétit, irritabilité, problèmes d'élocution, anémie, faiblesse, mauvaise résistance aux infections.

LES BONNES SOURCES D'ACQUISITION

Viande, poissons, levures, aliments complets, fromage, soya, noisettes et amandes.

LES UTILISATIONS THÉRAPEUTIQUES

Il soigne les problèmes décrits plus haut.

LE SÉLÉNIUM (Se)

Il s'agit d'un oligoélément. On a découvert qu'il était antioxydant et procurait une certaine protection contre de nombreux cancers ou certains troubles liés au vieillissement. De récentes études ont prouvé son efficacité, comme additif, dans le traitement du SIDA. Nos besoins sont faibles, mais les carences sont fréquentes lorsque le sol de la région où on habite est pauvre.

Le sélénium est un oligoélément essentiel récemment reconnu comme l'un des plus importants nutriments. C'est un antioxydant vital pour le métabolisme humain. Il protège contre un certain nombre de cancers et d'autres maladies, liées notamment au vieillissement (maladies cardiaques, cancer et arthrite). Il est également partiellement efficace dans le traitement et la prévention de certains troubles immunodéficitaires comme le VIH ou le SIDA. Si les besoins en sélénium sont peu élevés, celui-ci est essentiel à la protection des membranes cellulaires.

• est antioxydant
• renforce le système immunitaire

- prévient de nombreux cancers
- améliore les fonctions hépatiques
- entretient une bonne vue
- favorise la santé des cheveux et de la peau
- protège contre les maladies cardiaques et circulatoires
- retarde le vieillissement
- soutient les traitements de désintoxication contre l'alcool, certaines drogues, le tabac
- accroît l'activité sexuelle masculine

LES SYMPTÔMES DE CARENCE

Cataractes, problèmes de croissance, maladies cardiaques, immunité et résistance réduite aux infections, inflammation des muscles, fertilité réduite chez les hommes, taches de vieillesse, évolutions cancéreuses et difficultés à se désintoxiquer.

LES BONNES SOURCES D'ACQUISITION

Germes de blé, germes de son, thon, oignon, pain complet, tomates et brocoli.

LES UTILISATIONS THÉRAPEUTIQUES

Pellicules, cancers, acné, arthrite, asthme, mobilité du sperme, fonctions thyroïdiennes, troubles rénaux, SIDA, dystrophie musculaire, hépatite, épilepsie.

POSOLOGIE

Pour une stimulation immunitaire et des effets anticarcinogènes, entre 400 et 1 000 mcg sont suggérés, mais de 200 à 500 mcg suffisent.

LE SOUFRE (S)

Le soufre est indispensable à la synthèse de la kéra-tine, cette protéine impliquée dans la santé des cheveux, de la peau et des ongles. Il participe à la bonne formation des tendons qui fixent les muscles aux os. Il sert également à la synthèse de l'insuline et au bon état de la paroi interne des artères et des veines.

Aucune carence en soufre n'a été observée chez qui que ce soit jusqu'à maintenant. Une consommation quotidienne de protéines vous assure un apport suffisant en soufre.

LES BONNES SOURCES D'ACQUISITION

Œufs, lentilles, porc, bœuf, poulet, dinde, haricots rouges, haricots secs, haricots blancs, petits pois.

LE SODIUM (Na)

Notre corps contient 120 mg de sodium, un tiers dans les os et le reste dans les liquides de l'organisme. La présence du sodium est essentielle à l'équilibre en eau et à la réaction acidobasique de l'organisme. Il permet aux membranes cellulaires de capter les nutriments dans le sang, et favorise la contraction musculaire. Une activité intense peut entraîner une carence en sodium surtout si vous faites de l'embonpoint puisque votre dépense en sodium sera sûrement augmentée.

LES SYMPTÔMES DE CARENCE
- crampe musculaire
- déshydratation sévère causée par une canicule
- vertige
- hypertension artérielle

LES BONNES SOURCES D'ACQUISITION
sel de table, salami, pickles, ketchup, croustilles, fibres de son, pain complet.

CHAPITRE 7

Quoi faire si je ne perds pas de poids?

Quoi faire si je ne perds pas de poids?

Plusieurs facteurs peuvent vous empêcher d'obtenir de réels résultats et freiner vos progrès.

1- Vous souffrez d'une maladie et vous devez prendre une forte médication.

2- Un manque de vitamines et de minéraux.

3- Vous manquez de potassium et de calcium. Ces deux minéraux sont très importants. (Voir la section sur les minéraux, p. 137 et suivantes) Le potassium, je vous le rappelle, évite la rétention d'eau et la sensation de gonflement causées par l'amidon. N'oubliez pas que le potassium est un facteur déterminant pour synthétiser et digérer les protéines et l'amidon et que, selon les spécialistes du monde médical, il est impossible de perdre du poids si on manque de calcium.

4- Observez votre consommation en produits «légers», qu'il s'agisse d'aliments ou de condiments. Ces produits peuvent augmenter le niveau de sucre à cause de l'ingrédient connu sous le nom de «maltodextrine» (voir le chapitre sur la maltodextrine, p. 178) ou amidon de maïs modifié. Cet ingrédient a un pouvoir gonflant qui augmente la densité des aliments. La malto-dextrine est l'ingrédient principal dans les produits qui permettent de prendre du poids, mais c'est aussi le produit qu'on utilise dans les produits «légers». Essayez de ne pas trop en consommer à cause de son effet à double tranchant.

LA NUTRITION

5- Il se peut que vos repas soient trop espacés. Par exemple, si vous déjeunez à 6 h et que vous dînez à midi, sans prendre de collation, vous envoyez à votre organisme le message qu'il est à jeun. Cette façon de faire va à l'encontre même de notre principe qui vise à augmenter la chaleur.

6 - La majorité des problèmes d'obésité vient de la trop grande consommation de sucres simples, de graisse et de produits chimiques. Donc, si vous commencez votre régime et que vous coupez 1 000 à 1 500 calories sous forme de graisse et de sucre, il est important de compenser par des hydrates complexes, sinon votre organisme ralentira à cause du manque d'énergie et vos progrès s'en trouveront, du coup, aussi ralentis.

7 - La consommation de pain peut être diminuée, voire supprimée, tout comme la consommation de fruits, à condition de prendre des suppléments de vitamines C.

Si, après avoir diminué l'apport de maltodextrine, de pain et de fruits, vous ne perdez toujours pas de poids, je peux vous garantir qu'il est temps d'augmenter vos glucides complexes surtout si vous avez beaucoup de poids à perdre.

Si vous en êtes rendu à ce chapitre, c'est que vous avez acquis plus de connaissances sur le Concept que je vous propose et sur votre métabolisme. Plus vous comprenez ce que vous faites, plus facile sera votre régime. Quand vous aurez perdu votre surplus de poids, vous pourrez le maintenir en jouant avec les sucres simples, les graisses et les

---

Témoignage

«Mon médecin m'avait suggéré de perdre du poids en précisant que cela aiderait grandement à régler mes problèmes de santé. J'avais fait des tentatives, sans succès. Quand j'ai rencontré Stéphane, je lui ai fait part de mes préoccupations en lui disant toute la vérité sur mon état de santé. Il a su me faire perdre 60 livres (27,22 kg) en quatre mois à peine.»
Alex V.

sucres complexes, car vous allez savoir comment réagit votre organisme en fonction des apports de nutriments naturels et chimiques.

Mais, tout d'abord, suivez mes indications à la lettre. Avec le temps et l'expérience, vous pourrez apporter des changements et créer votre propre régime.

Avec la compréhension du fonctionnement de votre organisme et l'expérience que vous allez acquérir, vous allez apprendre à jouer avec les lipides, les glucides lents et rapides et les protéines de façon à pouvoir conserver votre poids santé jusqu'à la fin de votre vie.

Même si la suite semble rébarbative, je vous invite fortement à lire les quelques pages que je vous offre. Pour vous convaincre de poursuivre votre lecture, j'ai parsemé ce chapitre plus ardu de quelques témoignages et photographies de gens qui ont fini par assimiler mon Concept.

DES EXPLICATIONS SUR VOTRE MÉTABOLISME
Les lipides: ce qu'ils sont et ce qu'ils font!

Pour mieux comprendre comment fonctionne votre métabolisme, certaines explications sont nécessaires.

- Quel est le rôle des graisses ou lipides?
- Comment utiliser les sucres rapides et complexes?
- Quels sont les protéines et les suppléments capables de maximiser votre perte de poids?

Quel est le rôle des graisses ou lipides?

Les graisses contiennent deux fois plus d'énergie que les protéines puisqu'elles contiennent neuf calories par gramme comparativement à quatre calories pour les protéines et glucides.

Comment votre métabolisme utilise-t-il les graisses ou lipides?

Votre organisme utilise les lipides pour construire de nouveaux tissus et synthétiser des substances essentielles comme les hormones.

Il y a deux types de graisse dans le corps, les visibles et les invisibles.

Les graisses visibles:
- fournissent une réserve d'énergie
- donnent des formes au corps
- forment sous la peau une couche isolante qui protège le corps contre le froid.

Les graisses invisibles:
- sont autour de vos organes
- sont des composantes essentielles des membranes cellulaires
- sont des amortisseurs de chocs qui protègent vos organes lorsque vous vous blessez ou que vous tombez.

NOS BESOINS EN LIPIDES OU EN GRAISSE SELON MON CONCEPT!

Pour avoir une alimentation équilibrée, nous devons équilibrer notre consommation de graisse. Une alimentation trop riche en graisse augmente le risque de maladie cardiovasculaire, l'obésité et certaines formes de cancer. À l'opposé, un manque de lipides ou de graisse perturbe le développement des nourrissons et la croissance des enfants. Le manque de lipides ou de graisse peut aussi enrayer l'absorption des vitamines liposolubles nécessaires à la peau et aux muqueuses. Ces vitamines maintiennent aussi le bon fonctionnement des organes reproducteurs.

Dans mon Concept, les graisses sont limitées à 10%, maximum, car une consommation même minime est suffisante au fonctionnement optimal de l'organisme.

7

Quoi faire si
je ne perds
pas de poids?

162

Attention: ces recommandations ne s'adressent qu'aux adultes. Même si plusieurs organismes médicaux conseillent de réduire les graisses, surtout si vous en avez de bonnes réserves, cette règle ne devrait pas concerner les nourrissons et

Reportage

Quand j'ai rencontré **Tony** la première fois, il pesait environ 365 livres (165,5 kg). Il avait au moins 150 livres (68 kg) à perdre, ce qui, à 54 ans, est loin d'être facile. En plus, Tony est un sceptique. Il ne cessait de poser des questions, refusant de croire qu'il devait manger plus pour maigrir. Heureusement, Tony est aussi un homme logique. Après avoir compris les principes de base de mon concept, il a décidé de tenter l'expérience. Dès la première semaine, il a perdu 13 livres (5,9 kg)! Jamais il n'aurait cru obtenir de tels résultats aussi rapidement en augmentant sa consommation de riz, de pommes de terre et de pâtes. Plus tard, nous nous sommes revus pour établir le régime alimentaire qui lui était adéquat. En un an, il a perdu 200 livres (90,7 kg).

Juillet 2003, **180 livres** (81,6 kg)

Juillet 2002, **365 livres** (165,5 kg)

les jeunes enfants de moins de dix ans, car ils ont un besoin vital d'acides gras pour le développement de leurs os, de leurs muscles, de la peau et du cerveau. Ne limitez pas la consommation des lipides de votre enfant sans avoir consulté un médecin.

CE QU'IL FAUT SAVOIR :
LES GRAISSES OU LIPIDES
DE CERTAINS ALIMENTS

1- Les fruits et les légumes ne contiennent que très peu de graisse.

2- Les produits céréaliers contiennent moins de 4 % de matière grasse.

3- La viande rouge, comme le bœuf, est relativement riche en graisse saturée.

4- Le poulet et la dinde, sans la peau, contiennent très peu de matières grasses.

5- Le saumon et la truite contiennent beaucoup de graisse et principalement du gras insaturé.

6- Le beurre et l'huile sont évidemment riches en graisse.

7- Les huiles d'olive et de canola sont composées de gras insaturés.

Un aliment gras saturé, comme le lard, est principalement composé de graisse saturée à la température ambiante. Elles sont solides et durcissent au froid.

On ne peut comprendre les effets de ces différents acides gras sur l'organisme humain que si l'on connaît leurs voies de transport dans le sang. En matière d'alimentation, il est important de savoir que les graisses de la majorité des aliments d'origine animale contiennent surtout des acides gras saturés alors que celles des aliments d'origine végétale contiennent principalement des acides gras polyinsaturés.

Les lipides d'origine animale comme ceux du fromage, de la charcuterie ou de la viande ne sont pas toujours visibles à l'œil nu. On les dit alors cachés.

1 - Une alimentation riche en graisses saturées augmente le taux de cholestérol sanguin et les études ont prouvé qu'un taux de cholestérol élevé est un facteur direct de maladies cardio-vasculaires.

2 - Un aliment gras mono-insaturé tel que l'huile d'olive est liquide à la température ambiante et durcit au froid.

Reportage

Jason est le fils de Tony. Comme il mangeait à la même table que son père, il engraissait sans trop savoir pourquoi. Et à dix ans, il commençait à avoir un sérieux problème. Quand Tony s'est mis à maigrir, parce qu'il suivait le régime que je lui avais imposée, le petit a commencé, lui aussi, à perdre du poids. En deux mois, toujours sans qu'il sache pourquoi, il a perdu 30 livres (13,6 kg).

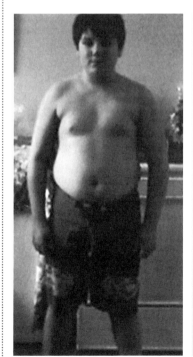

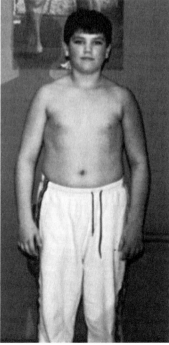

Octobre 2004
148 livres (67 kg)

Décembre 2004
118 livres (53,5 kg)

3 - Un aliment gras polyinsaturé tel que l'huile de maïs est liquide à température ambiante et reste liquide au froid.

Alors, comment expliquer que la margarine à base d'huile de maïs soit solide? C'est parce qu'elle subit un procédé chimique à base d'hydrogène qui lui ajoute des atomes d'hydrogène. Grâce à ce procédé, l'huile de maïs devient plus opaque.

LE CHOLESTÉROL : NÉCESSAIRE À UNE BONNE SANTÉ!

Le cholestérol est un élément clef de plusieurs processus biochimiques de l'organisme pour rester en bonne santé.

Il permet de conserver les membranes cellulaires en bonne condition et travaille avec les cellules nerveuses pour envoyer et recevoir des messages.

Il permet aussi au système digestif de mieux absorber les graisses et certaines vitamines comme la vitamine A, la vitamine D, la vitamine E et la vitamine K.

Il est le constituant majeur dans la fabrication des hormones stéroïdes comme l'œstrogène et la testostérone.

Quand votre médecin mesure votre taux de cholestérol, il calcule le nombre de milligrammes de cholestérol dans un décilitre de sang. La moyenne que l'on considère comme normale est de 200-250 milligrammes par décilitre. Au-delà de 250 milligrammes par décilitre, une personne serait sérieusement à risque de maladies cardiovasculaires. À moins de 200 milligrammes par décilitre, le risque est plutôt faible.

Les lipides ou graisses qui passent par l'intestin ne sont pas solubles et ne sont pas non plus liposolubles. De ce fait, ils ne peuvent donc pas se

7

Quoi faire si
je ne perds
pas de poids?

166

dissoudre dans le sang, celui-ci étant constitué d'eau à plus de 90 %. Il leur faut donc un véhicule qui les acheminera dans le sang. Ce véhicule est composé de protides et de lipides, les molécules protidiques permettant aux lipides de se dissoudre dans l'eau. Le transporteur prend donc la forme de lipoprotéines qui sont de tailles et de densités variées et remplissent différentes fonctions dans l'organisme.

Les LDL (lipoprotéine de basse densité) sont une menace pour les vaisseaux sanguins, car elles causent des dépôts de cholestérol sur les parois artérielles, ce qui risque de provoquer des accidents cardiovasculaires.

Les VLDL (lipoprotéine de très basse densité) sont volumineuses et peuvent endommager les vaisseaux.

Les HDL (lipoprotéine de haute densité) constituent le « bon » cholestérol, car elles ont la capacité de capter les surplus de cholestérol et permettent ainsi la synthèse par le foie et l'élimination des déchets de l'organisme.

LES PROTÉINES:
L'ÉLÉMENT CLÉ DU BON
FONCTIONNEMENT DE L'ORGANISME

Le rôle des protéines est de construire de nouvelles cellules, réparer les tissus et voir au bon fonctionnement des organes.

Plus de la moitié des protéines servent à fabriquer des enzymes alors que d'autres protéines détiennent des rôles spécifiques dans certaines tâches comme la digestion et le renouvellement des cellules.

Les cellules nerveuses envoient aussi des messages à vos cellules musculaires qu'on appelle des neurotransmetteurs de la contraction musculaire.

Elles assurent la majeure partie des liaisons organiques humaines. Le nom protéine vient du mot grec *protos* (primitif). La protéine est en effet considérée comme la substance première ou la plus importante, car elle constitue la molécule de base de toute matière vivante.

Les muscles, les organes, les os, le cartilage, le sang ou la plus simple des cellules contiennent tous des protéines. Même la formation des hormones ne peut se faire sans protéines.

Les organismes animaux peuvent synthétiser les protéines ingérées en les transformant en acides aminés qu'ils utilisent en fonction de leurs besoins. Les plantes, elles, tout comme les microorganismes, ont la faculté d'incorporer de l'azote non organique, notamment les nitrates présents dans le sol ou dans l'azote de l'air.

Dans la liaison protidique organique, il est à noter que seules 20 molécules élémentaires des acides aminés constituent la totalité des protéines présentes dans le corps humain. Au cours de la digestion, chaque protéine alimentaire absorbée est synthétisée par le corps humain en groupes de deux (dipeptide) ou trois (tripeptide) acides aminés. La provenance alimentaire de ces pro-

Quoi faire si
je ne perds
pas de poids?

168

téines est d'une extrême importance, car le corps humain est capable de fabriquer lui-même certains acides aminés.

Pour fabriquer toutes les protéines nécessaires au bon fonctionnement du métabolisme, il faut 22 acides aminés différents. Il y en a neuf dits essentiels qui doivent être fournis par l'alimentation. Les 13 autres acides aminés, dits non essentiels, peuvent être synthétisés par l'organisme à partir des lipides, glucides ou autres acides aminés.

acides aminés essentiels	acides aminés non essentiels
histine	alanine
isoleucine	arginine
leucine	acide aspartique
lysine	citruline
méthionine	cystéine
phénylalanine	acide glutamique
thréonine	glycine
tryptophane	hydroxyproline
valine	acide hydroxyglutamique
	norleucine
	proline
	sérine
	tyrosine

Les acides aminés essentiels sont présents en concentration et en proportion variables dans les aliments. Il est donc nécessaire de connaître leurs différentes sources alimentaires et la valeur protéique qu'elles contiennent. Voici un tableau qui vous montre la valeur biologique entre les protéines animales et les protéines végétales.

PROTÉINES ANIMALES (valeur biologique)		PROTÉINES VÉGÉTALES (valeur biologique)	
œuf entier	100	soya	84
bœuf	92	algues vertes	81
poisson	94	seigle	76
lait	88	haricots	72
gruyère	84	riz	70
		pommes de terre	70
		pain	70
		lentilles	60
		blé	56
		petits pois	56
		maïs	54

Comme vous le constatez sur le tableau, les lentilles sont plus pauvres en méthionine, un acide aminé essentiel, mais lorsque combinées au riz, qui est pauvre en lysine, le statut protéique est augmenté.

Vous pouvez aussi prendre un supplément protéique sous forme de poudre, surtout si vous êtes végétarien, car un manque de protéines va perturber votre métabolisme et par le fait même freiner votre progression de perte de poids, car le métabolisme devra ralentir à cause de cette déficience en acides aminés essentiels au bon fonctionnement de l'organisme.

L'organisme des animaux est similaire au nôtre et contient les neuf acides aminés essentiels. C'est pourquoi les protéines animales, soit la viande rouge, les poissons, la volaille, les œufs et les produits laitiers sont mieux absorbés par notre organisme que les protéines végétales qui sont pauvres au point de vue biologique. Avec un faible taux d'acides aminés essentiels, notre organisme ne les absorbe pas aussi bien et ne les utilise pas aussi efficacement que les protéines animales. Jetez un coup d'œil au tableau ci-dessus sur les protéines animales.

LES FIBRES :
À SURVEILLER SI ON VEUT BIEN MAIGRIR

À cause des molécules de sucre qui les relient entre elles, les fibres ne peuvent être décomposées par les enzymes digestifs humains. Les fibres sont les éléments d'une plante que l'organisme ne peut assimiler. En fait, elles sont le squelette qui tient la plante. Elles n'ont aucune valeur énergétique, mais sont indispensables à notre alimentation. Elles remplissent l'estomac et actionnent le contenu des

Reportage

Louisette Nadeau. Malgré qu'elle soit dans la cinquantaine et qu'elle subisses des symptômes liés à la ménopause, Louisette a obtenu des résultats extraordinaires ou spectaculaires grâce au Concept. En un peu plus de trois mois, elle a perdu presque 60 livres (27,2 kg).

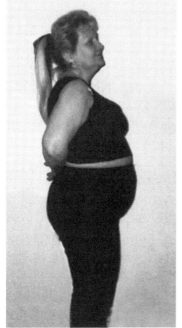

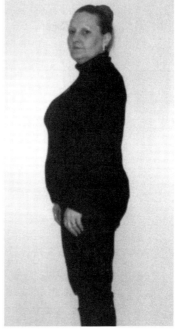

Février 2005
225 livres (102,06 kg).

Mai 2005
167 livres (75,75 kg).

intestins en favorisant l'absorption des nutriments. En prendre trop accélérerait les mouvements intestinaux et nuirait à l'assimilation des nutriments.

Les fibres protègent du cancer du colon. Attention : un régime trop riche en fibres augmente aussi la dépense d'énergie. Je vous offrirai plusieurs choix de fibres pour votre consommation quotidienne.

Il y a cependant des règles fondamentales et des pièges à éviter. Par exemple, il est important de ne pas manger des céréales riches en fibres pour déjeuner et ensuite de manger, en guise de collation, un sandwich avec pain enrichi, et, au dîner, de manger des pâtes au blé entier.

Personnellement, j'ai essayé les pâtes au blé entier et, compte tenu des quantités de pâtes que j'aime manger, j'ai ressenti un malaise digestif. J'ai eu des crampes. Je dis oui aux pâtes au blé entier, mais avec modération. Des pâtes ordinaires font tout aussi bien.

LES GLUCIDES : DES SUCRES QU'IL VAUT MIEUX BIEN CONNAÎTRE !

Les glucides sont des sucres et on les différencie par leurs nombres d'unités de sucre et par la façon dont ils sont reliés entre eux.

Les glucides qui nous intéressent dans le Concept sont composés de trois unités de sucre et plus.

Les glucides à une seule unité de sucre sont des glucides simples (monosaccharide), comme le fructose, le sucre provenant des fruits.

Il y a aussi les glucides à deux unités de sucre (disaccharide) comme le sucre de table qui est fabriqué à partir d'une unité de fructose et d'une unité de glucose (deux unités).

Les glucides complexes (polysaccharides), eux, contiennent plus de trois unités de sucre.

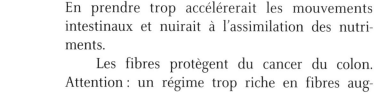

Les aliments tels que la pomme de terre (patate), le riz, les pâtes alimentaires et les différents légumes sont de bonnes sources de glucides complexes et ce sont ces produits qui sont les plus importants pour augmenter le métabolisme et la chaleur (hydrates de carbone).

Quand vous allez élaborer votre régime, avant de diminuer vos glucides complexes (hydrates de carbone), commencez par diminuer vos condiments qui contiennent des glucides simples ainsi que la quantité de fruits qui, eux, contiennent deux unités de sucre. Vous pouvez aussi remplacer votre bol de céréales avec du lait pour un bol de gruau nature, avec de l'eau. La moyenne de sucre pour une tasse de lait est de 12 grammes, et vos céréales en contiennent de deux à cinq grammes pour une moyenne de 17 grammes de sucre alors que le gruau nature avec de l'eau ne contient aucun sucre. Si vous effectuez ce changement, votre consommation de glucides simples sera réduite à zéro, mais votre niveau d'énergie ou de glucides (hydrates de carbone) restera élevé.

LA TRANSFORMATION DU GLUCOSE EN ÉNERGIE

Le glucose est converti à l'intérieur de la mitochondrie (petit corps gélatineux présent en abondance au centre de chaque cellule). Cette transformation produit de l'énergie, de la chaleur et, dans certaines circonstances, de l'acide lactique qui est la cause des courbatures musculaires après un exercice intense. Les globules rouges, quant à eux, fournissent de l'énergie, mais ils ne contiennent pas d'oxygène ni de mitochondrie.

LES HYDRATES DE CARBONE OU GLUCIDES POUR PROTÉGER VOS MUSCLES

Les glucides fournissent de l'énergie à votre corps et permettent au métabolisme de voir au bon fonctionnement du système basal.

Reportage

À 16 ans, **Félix** pesait 310 livres (140,6 kg) et, visiblement, il était mal dans sa peau. Ça se lisait sur son visage. Il était venu me voir avec ses parents qui, de leur côté, semblaient un peu désespérés. Quand j'ai commencé mes explications, j'ai remarqué que le garçon était songeur et qu'il soupesait la justesse des arguments que je lui soumettais. Sa mère, elle, prenait des notes. C'était au moins ça...

Septembre 2006
301 livres (136,8 kg)

7

Quoi faire si
je ne perds
pas de poids?

174

Ils protègent aussi les muscles lors d'une demande d'énergie, l'organisme utilisant d'abord les glucides. Cependant, si aucun glucide n'est disponible à cause d'un régime faible en hydrates de carbone (souvent appelé régime aux protéines), le corps commence à brûler les tissus musculaires.

Sauf qu'une semaine plus tard, Félix a décidé d'essayer la méthode que je lui avais proposée. En un peu plus de quatre mois, il avait perdu 100 livres (45,4 kg) et avait acquis une assurance que je ne lui avais jamais connue.

Janvier 2007
185 livres (84 kg)

C'est pourquoi après un régime aux protéines le corps engraisse plus vite au point où certaines personnes se retrouvent avec plus d'embonpoint qu'avant leur régime.

Voilà pourquoi mon Concept est basé sur la chaleur, car ce sont les hydrates de carbone qui donnent de la chaleur et qui augmentent le métabolisme.

LE GLYCOGÈNE, BRÛLEUR DE GRAISSE, N'AGIT QUE SI VOTRE ALIMENTATION EST ÉQUILIBRÉE. C'EST LUI LA CLÉ DE VOTRE SUCCÈS DANS MON CONCEPT!

Le pancréas produit également du glycogène, une hormone amincissante qui contrebalance l'action de l'insuline. Le glycogène freine l'activité de l'insuline et l'empêche de métaboliser tout le sucre du sang; il intervient uniquement lorsque le taux de glycémie est descendu sous un certain seuil. Si vous mangez du pain complet ou une pomme, par exemple, et que le taux de glycémie baisse de manière naturelle, le pancréas envoie une grande quantité de glycogène dans le sang. Le foie tente alors de relever le taux de glycémie en extirpant la graisse des cellules adipeuses et en la convertissant en sucre selon les besoins du corps.

La consommation régulière de sucre inhibe le glycogène.

Le glycogène n'a toutefois aucune chance d'intervenir si vous provoquez constamment une production d'insuline avec de mauvais glucides. Aussi longtemps que le sang contient trop d'insuline, le glycogène ne peut agir et le sucre contenu par le foie et les cellules graisseuses des hanches et du ventre ne peut être brûlé. Parmi les bons glucides, on peut citer les produits au blé entier, le riz, les pâtes, les pommes de terre, les légumineuses et les légumes frais.

LES GLUCIDES, DES COMPOSANTS DES SUCRES À SURVEILLER

Les glucides dits complexes se composent d'un grand nombre d'éléments identiques, que l'organisme doit tout d'abord dissocier. Ces chaînes de glucides se trouvent notamment dans les céréales, les pommes de terre, les choux, les navets, les pâtes, le riz et les légumineuses.

IMPORTANT:

Des aliments aussi divers que les barres chocolatées, le pain entier, les carottes et les fraises renferment des glucides. L'organisme s'en sert pour les transformer en glucose, la molécule de sucre qu'il peut exploiter. Selon la vitesse et le degré d'augmentation du taux de glycémie provoqués par les différents glucides, ces derniers vous font grossir ou mincir, respectivement en activant le stockage des graisses ou en les éliminant.

LE CERVEAU ET LES MUSCLES SE NOURRISSENT DE SUCRE, MAIS ATTENTION...

Le cerveau raffole des sucres: il s'en nourrit exclusivement, puisant inlassablement dans le glucose du sang. Sans sucre, la concentration se relâche, la fatigue et la mauvaise humeur nous envahissent. Pour les besoins urgents, le foie met 70 grammes de glucose à la disposition du cerveau. Environ de 300 à 400 grammes sont stockés dans les muscles, une réserve pour les cas exceptionnels, par exemple pour un sprint de cent mètres ou pour s'éreinter sur les appareils en salle de gymnastique. Les muscles ont, eux aussi, besoin de glucides pour produire de l'énergie. Si vous êtes agité ou si vous travaillez fort, vos muscles puisent dans cette réserve d'énergie rapidement disponible et brûlent le sucre, qui s'évanouit en fumée. Ces stocks doivent être renouvelés en permanence. L'ensemble du processus est commandé par les hormones.

Le glucose est une réserve d'énergie rapidement disponible.

Un indice glycémique élevé fait grossir.

Le professeur Crapo a défini une échelle de 1 à 100 qui stipule que tous les aliments dont l'indice dépasse 50 favorisent la prise de poids. Parmi ces nutriments figurent le sucre et les produits qui en contiennent. Aujourd'hui, le sucre blanc est pratiquement incontournable : on le trouve dans les jus de fruits, les limonades, les mueslis, la plupart des plats préparés et les concombres en marinade aigre-douce. Une bouteille de ketchup contient l'équivalent de 50 morceaux de sucre.

Parmi les mauvais glucides, on trouve aussi des produits transformés industriellement à partir de farine blanche, la purée de pommes de terre en flocons, le maïs transformé, aussi connu sous le nom de maltodextrine.

UN ARTICLE DE WIKIPÉDIA, L'ENCYCLOPÉDIE LIBRE : LA PRÉSENCE DE MALTODEXTRINE, UN ÉLÉMENT À TOUJOURS SURVEILLER !

Une maltodextrine est le résultat de l'hydrolyse d'un amidon (blé, maïs) ou d'une fécule (pomme de terre). Elle est donc constituée de différents sucres (glucose, maltose, maltotriose, saccharides supérieurs) directement issus de cette réaction, dans des proportions qui dépendent du degré de l'hydrolyse.

Ce degré est mesuré par dextrose équivalent ou D.E., le dextrose étant du D-glucose, c'est le résultat d'une hydrolyse totale de l'amidon. Plus le D.E. est élevé, plus l'hydrolyse est poussée, et donc plus la proportion en sucres simples (à chaîne courte) composant la maltodextrine est élevée. Un D.E. de zéro représenterait l'amidon lui-même, un D.E. de 100 représenterait le dextrose pur, soit un amidon totalement transformé.

La limite de D.E. pour une maltodextrine est de 20. Au-delà, le produit obtenu a pour appellation légale sirop de glucose.

Dans l'industrie agroalimentaire, la réaction

Reportage

Cathy est une cachottière. Après m'avoir écouté, elle est repartie sans me donner de nouvelles. Chose certaine, elle s'est souvenue de mes enseignements parce que, après avoir perdu 20 livres (9 kg), elle m'a fait savoir qu'elle était maintenant obligée de croire ce que je lui avais dit, même si c'était le contraire de tous les régimes qu'elle avait essayés auparavant.

Août 2006
205 livres (93 kg)

Novembre 2006
157 livres (71,2 kg)

d'hydrolyse est obtenue généralement par voie enzymatique (de la même façon que dans l'appareil digestif). Au stade souhaité de la réaction, les enzymes sont désactivés par l'ajout de sulfites. La solution est alors purifiée puis souvent séchée (tour d'atomisation, sécheur à lit fluidisé). Elle se présente alors sous la forme d'une poudre blanche inodore.

Les maltodextrines sont largement utilisées dans l'industrie comme supplément (aromatique) ou agent de charge. Elles ont un pouvoir sucrant très faible. Elles peuvent avoir une fonction (amélioration de la solubilité, de la texture). Les procédés modernes permettent d'en faire des agents encapsulants et/ou gonflants (exemple: des édulcorants de table où l'aspartame est englobé dans des grains de maltodextrine extrêmement volumineux).

Donc, pour bien comprendre pourquoi il est impératif de savoir quel impact cela pourrait avoir sur vos progrès, voir ci-dessus au deuxième paragraphe. Il est écrit que plus le D.E. est élevé, plus l'hydrolyse est poussée, ce qui signifie que les produits faibles en gras contiennent presque toujours de la maltodextrine ou de l'amidon de maïs modifié qui remplace le gras. L'amidon de maïs modifié a un effet gonflant qui diminue donc l'apport en lipides et en calories.

La maltodextrine a aussi la mauvaise habitude de faire monter en flèche l'indice glycémique chez les diabétiques. Quand nous parlons d'effets gonflants, c'est grâce à la maltodextrine que votre mayonnaise légère a une consistance. Sinon, elle serait liquide. Faites un test et comparez la mayonnaise ordinaire à la mayonnaise légère et examinez les quantités de lipides et de sucre. Vous constaterez que la teneur en lipides d'une mayonnaise ordinaire est beaucoup plus élevée que celle de la mayonnaise légère. L'observation permet de constater qu'il n'y a pas de sucre dans la mayonnaise ordinaire alors qu'il y en deux grammes dans la mayonnaise dite «légère». De plus, seule la mayonnaise «légère» contient de la maltodextrine. J'ai remarqué au fil du temps que j'en consommais beaucoup, souvent sans m'en rendre compte. Alors, j'ai commencé à porter une attention particulière à cet ingrédient qui, selon moi, a un effet à double tranchant. J'ai diminué de moitié ma consommation de produits contenant de la maltodextrine et à ma grande surprise, j'ai réussi à perdre 5 livres (2,268 kg) dans une semaine sans rien changer à mon régime. J'ai pu constater que si on en consomme trop, cela peut sérieusement ralentir la perte de poids.

Donc, quand nous aborderons la question de votre régime, si j'ai un conseil à vous donner, c'est que, si vous choisissez de diminuer les sucres rapides, réduisez l'absorption de maltodextrine plutôt que les fruits. Mais en même temps, il ne faut pas trop paniquer avec la maltodextrine, car si 125 ml d'une sauce légère contiennent seulement 1 g de sucre, on peut considérer que la quantité de maltodextrine sera plutôt faible. En revanche, si vous constatez qu'une cuillère à soupe contient deux grammes de sucre (la mayonnaise légère dans un sandwich au thon, par exemple), essayez de ne pas trop en consommer. Soyez vigilant et faites de bons choix, la modération a bien meilleur goût...

LES ÉDULCORANTS NON NUTRITIFS

La majorité des édulcorants chimiques ne procure aucune calorie.

L'HORMONE SOMATOTROPE OU DE CROISSANCE: QUAND LE SOMMEIL NOUS AIDE À PERDRE DU POIDS.

L'hormone de croissance a un puissant effet anabolisant. L'hypophyse, une petite glande située à la base du crâne, la sécrète à divers intervalles au cours de la journée. L'hormone favorise la croissance, répare les tissus, mobilise le gras emmagasiné et fait basculer le métabolisme en mode d'utilisation de gras. L'hormone de croissance est produite à partir d'ADN recombiné et sert à traiter divers troubles. Un traitement à l'hormone de croissance aide les grands brûlés et les patients dont les tissus mous ont subi des lésions graves, ou les patients récupérant d'une chirurgie importante. Les enfants, qu'une carence en hormone de croissance condamnerait au nanisme, peuvent maintenant vivre une vie normale grâce à l'administration de l'hormone de croissance provenant d'ADN recombiné.

Dans l'édition du 5 juillet 1990 du *New England Journal of Medicine*, le docteur Daniel Rudman et son équipe de recherche du *Medical College of Wisconsin* ont rapporté les résultats de leur étude portant sur les effets de l'administration de l'hormone de croissance à des hommes âgés. L'étude a montré que de faibles quantités de l'hormone injectées juste sous la peau d'hommes de 61 à 81 ans ont donné des résultats incroyables en seulement 6 mois: la masse maigre a augmenté de 8,8 %, le gras corporel a diminué de 14,4 %, la densité osseuse dans les vertèbres lombaires et l'épaisseur de la peau s'est accrue de 7,1 % (une peau fragile et mince est un effet du vieillissement). On attribue ces changements à l'hormone de croissance, puisqu'aucun des sujets n'a modifié son alimentation ou son programme d'exercices. Voyant ces résultats après seulement six mois et avec de si petites quantités d'hormone de crois-

7

Quoi faire si
je ne perds
pas de poids?

182

sance, le docteur Rudman a dit : ces changements équivalent à retourner de 10 à 20 ans en arrière. Cela explique l'ouverture d'un grand nombre de cliniques d'hormone de croissance au Mexique et dans d'autres marchés peu réglementés. Une autre étude, menée à la *University of New Mexico*, a

Reportage

Renée est un excellent exemple de métabolisme lent ou déréglé. Cependant, trois semaines seulement après avoir appliqué mes principes, son métabolisme est devenu très performant. Non seulement avait-elle perdu 18 livres (8,2 kg), mais elle avait eu une diminution du tour de taille de sept pouces, ce qui est tout à fait étonnant. Elle a réussi ce tour de force en mariant exercices et équilibre alimentaire. En maintenant un taux de glycogène adéquat, elle a su faire fondre ses graisses et, en pratiquant ses exercices régulièrement, elle a permis à sa peau de retrouver son élasticité et son tonus.

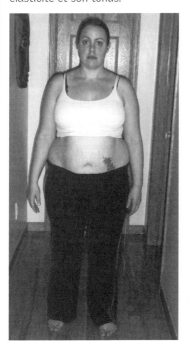

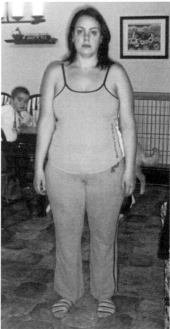

Janvier 2008
201 livres (91 kg)

Février 2008
183 livres (83 kg)

montré que les haltérophiles à qui on a injecté l'hormone de croissance pendant seulement six semaines ont perdu quatre fois plus de gras corporel et gagné quatre fois plus de masse maigre que ceux qui ont reçu un placebo. Ces études, ainsi que plusieurs autres, laissent peu de doute que l'hormone de croissance est, d'un point de vue scientifique, un élixir de jeunesse, car elle a un potentiel régénérateur.

Facteurs stimulant la libération de l'hormone de croissance :
- taux de glycémie bas
- taux de protéines sanguines à la hausse
- jeûne
- régime à protéines ajoutées
- diminution des acides gras libres
- sommeil, stade IV
- exercice musculaire intense
- acide aminé, lysine, arginine

Facteurs inhibant la libération de l'hormone de croissance :
- acides gras libres dans le sang, à la hausse
- obésité
- grossesse

Nos mères avaient raison de nous mettre au lit assez tôt quand nous étions petits pour nous garantir une bonne croissance. L'hormone de croissance est sécrétée par à-coups durant les stades III et IV du sommeil, qui surviennent une heure ou deux après le début du sommeil profond. Assurez-vous d'atteindre le sommeil profond toutes les nuits pour maximiser la libération de l'hormone de croissance dans votre organisme.

L'exercice stimule aussi la libération d'une quantité importante d'hormone de croissance, laquelle favorise la réparation et la reconstruction du muscle qui s'est décomposé durant l'exercice. L'exercice doit toutefois être exigeant et fait jusqu'à l'épuisement quasi total du muscle. Quelques sautillements sur place et une marche rapide autour du pâté de maisons sont bons pour le cœur, mais ne stimulent pas la libération de l'hormone de croissance. Nous avons vu que l'exercice rigoureux a cet effet, mais il semble que l'entraînement en résistance (la musculation) donne les meilleurs résultats. Quand vous soulevez des poids et des haltères, vos muscles distendus subissent des lésions microscopiques. Ces petites blessures font appel au pouvoir régénérateur de l'hormone de croissance et, de plus, favorisent la formation de nouvelles fibres musculaires qui viennent grossir les fibres endommagées. L'opération de réparation musculaire fait des muscles de petites machines à éliminer le gras et entraîne les tissus adipeux à fournir du gras en quantité suffisante. Si vous êtes une femme, vous ne voulez sans doute pas gonfler comme une haltérophile. Ne craignez rien. Les hormones féminines et le manque d'hormones masculines vont vous empêcher de grossir, même si vous vous entraînez rigoureusement. Les femmes que l'on voit dans les magazines de musculation, avec des muscles aussi développés que ceux des hommes, ont souvent pris des stéroïdes anabolisants pour y arriver. Vos nouveaux amis, l'exercice, la transpiration et votre propre hormone de croissance, vont vous amincir en réduisant votre gras corporel. Attention : vous risquez d'être très déçu si vous mesurez vos progrès à l'aide du pèse-personne. Plus le muscle est dense, plus il est lourd. Le nouveau muscle pèse plus que le gras qu'il remplace. Cependant, puisqu'il comble ses besoins accrus en énergie à partir du gras emmagasiné ailleurs dans l'organisme, vous allez amincir et voir votre silhouette se remodeler, peu importe ce qu'indiquera votre pèse-personne. Fiez-vous davantage à vos vêtements pour constater les résultats.

Deux acides aminés essentiels ont été identifiés comme facteur de libération d'hormones de croissance. Il s'agit de la lysine et de l'arginine. Ils sont fournis par les flocons d'avoine, les blancs d'œuf, le soya, les produits laitiers et les produits de la mer. Notez que ces deux acides aminés sont aussi disponibles sous forme de capsules que vous pouvez trouver en pharmacie ou dans les magasins de produits naturels. La concentration moyenne pour la lysine et l'arginine est de 500 mg à 750 mg par capsule.

7

Quoi faire si
je ne perds
pas de poids?

186

CHAPITRE 8

Les exercices

Les exercices

Maintenant, essayons certains exercices en commençant par ceux qui vous permettront de raffermir la peau à des endroits précis.

En pratiquant une activité physique, vous augmentez la chaleur du corps et vous favorisez la combustion du contenu des cellules adipeuses, ce qui accélère l'élimination des graisses corporelles.

Il y a cependant certaines choses à savoir sur les différents exercices.

L'aérobie ou les exercices cardiovasculaires permettent tout d'abord de brûler le glucose disponible (le sucre dans le sang) et, ensuite, la graisse. Les effets de ces exercices durent quelques heures après la séance. Cependant, si vous combinez votre séance aérobique avec la musculation, vous augmenterez la perte de graisse de façon plus que significative, car l'entraînement avec les poids et haltères augmente le métabolisme des graisses et dure plusieurs heures après la séance de musculation. Il faut savoir que le corps s'habitue facilement aux exercices d'aérobie. C'est pour cette raison qu'on peut voir, assez souvent d'ailleurs, une personne qui donne plusieurs cours d'aérobie et qui a quand même un surplus de graisse. Le métabolisme s'adapte avec le temps et brûle moins les graisses.

La musculation, à cause de l'augmentation de la masse musculaire, brûle plus de graisse. Votre organisme brûlera donc plus de calories si vous augmentez votre masse musculaire!

Je tiens à souligner qu'il y a des exercices spécifiques à faire quand on veut faire disparaître un amas de graisse précis. C'est le cas quand on veut raffermir les chairs et replacer la peau à l'arrière des bras, par exemple, ou aux aisselles. Il y a des exercices qui favorisent la combustion des graisses à ces endroits précis.

Pour commencer votre programme, je vous propose donc des exercices à faire avec un équipement simple et peu coûteux. Vous n'aurez besoin que d'un tapis, pour les exercices au sol, d'un ballon d'entraînement, d'un support à poids et haltères (de 5 à 20 lb ou 2 à 9 kg) et d'une chaise.

Voilà! Vous êtes prêt à commencer votre programme d'entraînement dans le confort de votre foyer!

CARDIO

Commençons tout d'abord par le cardio, qui se fera avec une intensité moyenne pendant 20 à 30 minutes. Je recommande le vélo stationnaire parce qu'il a l'avantage de réduire la pression sur les genoux et le bas du dos, ce dont je dois tenir compte, car la majorité de mes clients ont un surplus de poids de 50 à 150 lb (22 à 68 kg).

Si vous décidez d'acheter un vélo stationnaire, assurez-vous qu'il pourra supporter votre poids.

LA MARCHE

La marche est aussi une bonne façon de faire son cardio. Vous pouvez choisir la marche rapide, mais les débutants auront intérêt à adopter une marche normale ponctuée d'intervalles de 1 ou 2 minutes

Témoignage

«Je ne fais pas partie des clients habituels de Stéphane, mais je voulais absolument perdre 15 livres (6,8 kg) depuis un an. Pour y arriver, je m'étais mise à l'entraînement, de façon intensive, sans parvenir à perdre une once. Mon copain m'a parlé de Stéphane Ferreira et je l'ai rencontré. Peu convaincue, j'ai quand même suivi ses conseils. Miracle! Après trois semaines, j'avais perdu mes 15 livres (6,8 kg)!»

Lyne B.

de marche rapide. Augmentez graduellement la durée de la marche rapide jusqu'à ce que vous soyez en mesure de marcher rapidement pendant 20 minutes. Pour ceux qui ont une meilleure condition physique, le fait d'ajouter des pesées aux poignets et aux chevilles permettra d'augmenter l'intensité de l'entraînement sans le prolonger pour autant.

Vous pouvez évidemment choisir une autre forme d'aérobie, comme une randonnée en vélo, le tennis, la nage, le patin à roues alignées ou un autre type d'appareil comme l'escalier, l'appareil elliptique, le tapis roulant, etc.

Après avoir fait vos exercices de cardio, la deuxième étape consistera à raffermir la peau de votre ventre et vos abdominaux. Par la suite, faites des exercices pour raffermir les autres parties de votre corps. Un petit conseil: changez votre routine d'entraînement. Un jour, commencez par le dos, puis les jambes, les épaules, les bras, la poitrine et le fessier. Le lendemain, commencez par les jambes, puis la poitrine, le dos, les bras, les épaules, le fessier, etc.

Avec le temps, vous devrez également augmenter l'intensité du travail. Plusieurs méthodes vous sont offertes pour y arriver: vous pouvez réduire le temps de repos entre chaque série d'exercices ou encore augmenter le nombre de séries et de répétitions. Par exemple, pour les abdominaux, enroulement vertébral (*crunch*), on vous propose trois ou quatre séries de 10 à 25 répétitions. Rien ne vous empêche de faire cinq séries de 30 répétitions.

Vous pouvez aussi augmenter la charge que vous utilisez en vous procurant des haltères plus lourds et mettre des pesées aux chevilles pour faire vos abdominaux.

Sachez que plus vous modifiez votre routine, plus les muscles vont réagir.

Vous devez cependant maîtriser chaque mouvement avant d'en augmenter l'intensité.

RAPPEL IMPORTANT

Il ne faut jamais perdre de vue que c'est pendant le sommeil que l'organisme métabolise les graisses et régénère les tissus musculaires. Commencez donc par trois séances d'entraînement par semaine. Après deux à quatre semaines, votre condition physique se sera améliorée et vous pourrez passer à quatre séances d'entraînement. Reposez-vous une journée entre chaque séance.

Ne faites surtout pas l'erreur de couper vos hydrates complexes à cause des résultats obtenus au début de l'entraînement, car une fois vos réserves de glycogène épuisées, votre métabolisme va ralentir. Plus vous avez de gras corporel, plus votre système basal consomme de l'énergie. Assurez-vous que vous avez suffisamment d'hydrates complexes pour faire face à vos dépenses d'énergie. Si l'envie de couper votre consommation est trop forte, choisissez de couper les sauces, les condiments, le fructose (sucre de fruits) et le galactose, sucre tiré de la digestion du lactose (sucre du lait).

LES EXERCICES

Enroulement vertébral ou « crunch »

3 ou 4 séries de 10 à 25 mouvements

Allongé sur le dos, la main derrière la tête, les cuisses à la verticale et les genoux fléchis.

CONSEIL : Si vous avez beaucoup de poids à perdre, vous pouvez mettre vos pieds sur une chaise ou sur le ballon. Avec des cuisses et des jambes de 100 à 150 lb (45 à 68 kg), ça peut être pénible à soutenir.

ABDOMINAUX

« Crunch » renversé

Assis sur une chaise, jambes soulevées, fléchir les genoux et revenir à la position initiale.

3 ou 4 séries de
10 à 20 mouvements

ABDOMINAUX

Flexion latérale du buste

Debout, jambes légèrement écartées, une main derrière la tête, un haltère dans l'autre main. Effectuer une flexion latérale du buste, du côté qui tient l'haltère. Revenir à la position initiale.

3 ou 4 séries de 10 à 25 mouvements, de chaque côté.

Relevé de jambes au sol

Allongé sur le tapis, sur le dos, les mains derrière la tête ou à plat sur le tapis, de chaque côté du corps. Relever les jambes en gardant les genoux pliés.

3 ou 4 séries
de 10 à 25
mouvements.

POITRINE

195

Développé écarté avec haltères

Couché sur le ballon avec un haltère dans chaque main, tenir les haltères au niveau de la poitrine et écarter les bras horizontalement. Revenir à la position initiale.

3 ou 4 séries
de 10 à 12
mouvements.

Tirage horizontal avec haltère

Buste penché, une main appuyée sur un banc ou une chaise, un haltère dans l'autre main. Tirer le long du corps. Revenir à la position initiale.

3 ou 4 séries
de 10 à 12
mouvements

8

Les
exercices

Développé assis avec haltères

Assis bien droit, les haltères au niveau des épaules. Allonger les bras au-dessus de la tête. Revenir à la position initiale.

3 ou 4 séries de 10 à 12 mouvements

Élévation latérale avec haltères

Assis ou debout, jambes légèrement écartées, le dos droit, les bras le long du corps avec un haltère dans chaque main. Élever les bras à l'horizontale. Revenir à la position initiale.

3 ou 4 séries de 10 à 12 mouvements

Flexion avec haltères

Debout, pieds légèrement écartés, un haltère dans chaque main. Regarder droit devant soi, inspirer, cambrer légèrement le dos et effectuer une flexion des genoux jusqu'à ce que les cuisses soient en position horizontale, comme si vous preniez place sur une chaise. Revenir à la position initiale.

3 ou 4 séries de 10 à 15 mouvements.

Les exercices

198

Relevé du bassin au sol

Allongé sur le dos, les mains à plat au sol, les bras le long du corps, décoller les fesses du sol en poussant à fond sur les pieds.
Maintenir la position 2 secondes et redescendre le bassin sans poser les fesses au sol. Recommencer.

3 ou 4 séries
de 10 à 15 mouvements

Fente avant avec haltères

Debout, jambes légèrement écartées, un haltère dans chaque main. Effectuer un pas en avant, en gardant le buste droit. Descendre jusqu'à ce que le genou touche le sol. Revenir à la position initiale. Alterner avec l'autre jambe.

3 ou 4 séries de 10 à 12 mouvements.

Flexion alternée

Debout ou assis, un haltère dans chaque main, faire une flexion de l'avant bras. Revenir à la position initiale. Répéter avec l'autre bras.

3 séries de 10 à 15 mouvements.

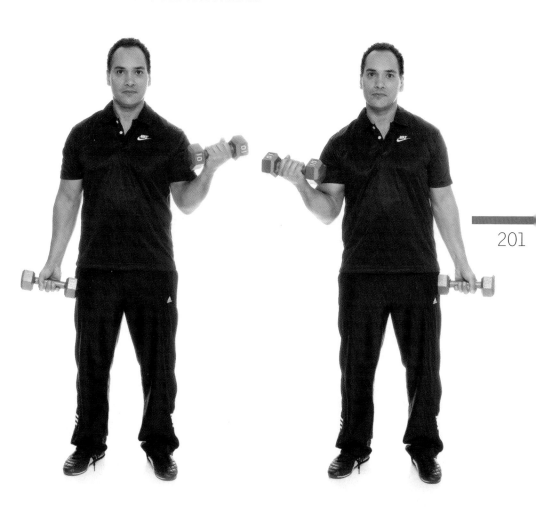

Extension verticale avec haltère

Assis sur le ballon ou une chaise. Effectuer une flexion de l'avant-bras pour amener l'haltère derrière la nuque. Revenir à la position initiale.

3 ou 4 séries de 10 à 15 mouvements

Extension alternée avec haltères, buste penché

Debout, les jambes légèrement fléchies, le buste penché en avant en conservant le dos droit. Les bras à l'horizontale, les coudes fléchis. Effectuer une extension de l'avant-bras vers l'arrière. Revenir à la position initiale.

3 ou 4 séries de 10 à 15 mouvements

Bibliographie

Le pouvoir des protéines
    - Michael R. Eades et Mary Dan Eades
Les vitamines et minéraux
    - Karen Sullivan
Les brûleurs de graisse
    - Marion M. Grillparzer
Guides des mouvements de musculation
    - Frédéric Delavier

Table des matières

CHAPITRE 4

CHAPITRE 5

CHAPITRE 6

IMPRESSION
IMPRIMERIE GAGNÉ

IMPRIMÉ AU CANADA